S-HTPに表れた発達の停滞

三沢 直子

誠信書房

は　じ　め　に

　従来のHTPテストは，家と木と人をそれぞれ別紙に描くものであるが，私がこれまで行ってきたのは「家と木と人を入れて一枚の絵を描く」という統合型HTP法（Synthetic House-Tree-Person technique：以下，S-HTP）である。私は，このS-HTPを最初は精神科病院の入院病棟で，主に統合失調症を中心とした入院患者に対して，集団検査として定期的に実施していた。また，それ以降も神経科クリニック，大学病院，企業の総合病院神経科などのさまざまな精神科医療の現場で本法を実施してきた。

　その一方で，1980年前後に，幼稚園から大学生まで約千人を対象とした発達の研究を行った。その結果，特に言語が未発達な幼児や小学生，あるいは発達障害の子どもたちに対しては，その内面を知るうえで極めて有効な方法であることがわかった。自分の気持ちを言葉で表現するのが難しい子どもにとっても，描画は比較的慣れ親しんだ表現方法だからである。また，子どもに限らず大人にとっても，言葉では表現しきれない感情や抑圧された感情が，この描画テストにおいては表現されやすい，ということもさまざまな事例を通して経験してきた。

　その結果，S-HTPには次のような特徴があることが次第にわかってきた。

(1)　HTP法は3枚あるいは4枚描くのに対してS-HTPは1枚なので，受検者に与える心理的負担が軽度で，エネルギー水準が低下した人や描画に抵抗がある人でも，より気楽に受検しやすい。また，検査者にとっても施行が簡便で，集団検査もしやすく，フィールドワークにも便利である。

(2)　家・木・人それぞれをどのように描いたかによって得る情報のほかに，家と木と人をどのように関連づけて描いたかを見ることによって，新たな情報が加わる。そして，この家と木と人の相互関係にこそ，自己と外界，意識と無意識などの関係性が鮮明に投影されるので，よ

り重要な判断基準となる。
(3) 受検者は家と木と人をどのように描くかに加えて，それらをどのように組み合わせて描くかも自由である。そのため，より自由度が高まって，受検者の心的状態が直接的に表現されやすい。検査の構造面から考えるならば，S-HTP は個別の課題画と自由画の中間に位置するものと思われる。
(4) 自由度が高まり，組み合わせも複雑になるので，客観的な判断がさらに困難になるように思われるが，実際にはより信頼性の高い判定が可能となる。なぜなら，これまでの描画法の信頼性・妥当性に関する研究において，描画の部分的特徴よりも全体的な評価のほうが信頼性が高いことが明らかにされており（Swensen, 1968），S-HTP は家と木と人との相互関係において，より多様な全体的評価が可能になるからである。

　以上のように，臨床現場において S-HTP を実施してきた結果と，幼稚園から大学生までの発達的研究をまず最初に総合的にまとめたのが，『S-HTP 法――統合型 HTP 法における臨床的・発達的アプローチ』（三上，1995）であった。
　それに引き続き，以上のような S-HTP の特徴を生かして，現代の子どもたちの全般的な心の在りようを把握するために，1997 年から 1999 年にかけて S-HTP を用いてのフィールドワークを行った。それらの結果と，かつて 1981 年に実施していた小学生の S-HTP 画を比較した結果を，次に『描画テストに表れた子どもの心の危機――S-HTP における 1981 年と 1997 年～99 年の比較』（三沢，2002）としてまとめた。
　そこで現代の子どもたちの描いた S-HTP に明らかに表れた問題は，主に以下の 5 点であった。

(1) 攻撃的・破壊的な絵の増加
(2) 非現実的な表現の増加
(3) 問題の多様化・両極化

(4) 小さく，暖かみのない「家」の増加
(5) 棒人間など，簡略化した人間像の増加
(6) 小学校高学年での「統合性」の発達の停滞

　特に(6)の「統合性」の発達の停滞という最も大きな問題を中心として，その後もさまざまな研究を行ってきた。それを総合的にまとめることが，本書の目的であった。
　まず第1章では，この統合性の遅れという問題に対して，① 発達の遅れは何歳から始まるのか，② 発達の停滞はいつまで続くのか，③ 発達の停滞は何年生まれから始まるのか，④ そもそも「統合性」の発達の停滞が示すものは何か，という四つの疑問に対して行った研究をまとめた。
　第2章では，その発達の停滞がなにゆえ起こり，その問題に対してどのような対応方法があるのかを，さまざまな角度から模索した研究をまとめた。まずは，日本の子どもたちとタイの子どもたちが描いたS-HTP画とを比較したうえで，その生育環境にどのような違いがあるかを検討した。また，保育園および小学校での一定のクラスにおいて継続的にS-HTPを実施して，その描画変化の背景にどのような親や先生の関わりがあったかを継時的に検討した結果をまとめた。
　また第3章では，S-HTPの評定用紙を作成するために行った基礎的研究を紹介した。実は，本法が児童相談所・家庭裁判所・小児病院などでかなり実施されるようになっているにもかかわらず，その結果が十分に生かされていないという現状がある。それは，判読のための客観的基準がないために，どうしても検査者の主観的解釈に委ねられてしまうということがあるからだ。本書の帯にも書かれたように，私は長年このS-HTPを実施してきて，子どもの見えない心を映し出すレントゲン写真のように感じることが多かった。それゆえ，子どもの発達的・心理的あるいは精神医学的な問題を査定するためのテストとして，より多くの方々に本法を活用していただきたいという思いがある。描画テストの標準化というのはなかなか困難な作業であり，また標準化することの是非も含めて，これまではあえてその方向を避けてきた。しかし，今後さらにその研究を継続してくださる方が現れることも期待し

て，その第一歩の研究としてまとめた。
　本書が，今後の S-HTP の研究や描画テストの研究に，そして現代の子どもの心理的状況を理解するうえで，少しでもお役に立つことができれば幸いである。

三沢　直子

目　　次

はじめに　i

第1章　描画テストに表れた子どもの心 ―――――――― 1

1. 最初の異変　1

2. 1997〜99年の小学生に対する調査　4
1) 調査の概略　4
2) 子どもの絵に表れた問題　7
　　① 攻撃的・破壊的な絵の増加　7／② 非現実的な表現の増加　9／③ 問題の多様化・両極化　10／④ 小さく，暖かみのない「家」の増加　11／⑤ 棒人間など簡略化した人間像の増加　12／⑥ 小学校高学年での発達の停滞　12

3.「統合性」の発達の停滞　13
1) 発達曲線の違いから生じる疑問点　13
2) 違いは何歳から始まるのか ―― 幼稚園児のS-HTPの比較　15
　　① 攻撃的・破壊的な絵の増加　15／② 非現実的な表現の増加　20／③ 問題の多様化・両極化　21／④ 小さく，温かみのない「家」の増加　21／⑤ 棒人間など簡略化した人間像の増加　22／⑥ 統合性の発達の低下　22
3) 発達の停滞は何歳まで続くのか ―― 大学生のS-HTPの比較　25
4) この問題はいつ頃から始まったのか　32
5)「統合性」の発達停滞が示すものは何か　34

4. S-HTPと前頭前野の機能　35
1) S-HTPと前頭前野との関連性　35
2) なぜ前頭前野の発育停止が起きているのか　38

3）前頭前野の脳力の発達に必要なもの　41

第2章　問題に対するS-HTPを用いたアプローチ —— 44

Part1. タイの小学生のS-HTP画との比較　45

1. 研究の概略　45

2. 研究方法　46
1）実施方法　46
2）分析方法　46

3. まとめと考察　52
1）タイ北部・東北部との比較　52
2）バンコクとの比較　56

4. タイ北部・東北部で見られた具体例　59
1）家庭状況に問題のある子どもたちの絵　59
2）描画上問題があると思われた子どもの絵　64
3）まとめ　66

Part2. 保育園での試み —— 子どもの問題を保護者に伝える　68

1. 調査の概略　68

2. 幼児の心に影響する環境の変化　69
1）父親の単身赴任 —— カミナリだらけの家　69
2）両親の離婚 —— どしゃぶりの絵　71
3）虐待の疑い —— キツツキによってボロボロになった木　73
4）塾・習い事の忙しい生活 —— 雲の上で昼寝をしている自分　76

5) 赤ちゃんの誕生 —— 母親と一緒　78

6) 緘黙児の場合 —— 黒塗りした自己像　80

3. 先生の感想　83

> **Part3. 小学校での試み ——
> 　　　　先生の関わりで1981年の絵が蘇った！**　85

1. 調査の概略　85

2. 2年間でクラス全体の絵はどう変わったか　86

3. 先生のどのような関わりが子どもの絵を変えたか　90

4. クラスの一日　92

5. 具体的な事例から　94

6. 先生の感想　102

第3章　S-HTPの標準化に向けての試み ── 104

> **Part1. S-HTPの評定用紙の作成と各判断基準に
> 　　　ついての研究**　104

1. 研究の概略　104

2. 尺度による評定　109

　1) 評定尺度間の相関性　113

　2) 各尺度における判定基準と分析項目との相関性　114

　　　① 統合性　114／② エネルギー水準　116／③ 自己評価　118／④ 内的豊かさ　120／⑤ 安定性　122／⑥ 社会性　123／⑦ 学年　124

3. 各チェック項目による評定　126

　　① 攻撃的　127 ／② 防衛的　127 ／③ 妄想的　128 ／④ 衝動的　128 ／⑤ 強迫的　129 ／⑥ 不安感　129 ／⑦ 緊張感　130 ／⑧ 美化　130 ／⑨ 内閉的　131 ／⑩ 奇妙さ　131 ／⑪ 性的　132

4. S-HTP 評定用紙全体に関する考察　133

Part2. S-HTP における発達的要素・環境的要素・個人的要素の分析　136

1. 研究の概略　136

2. まとめと考察　138
   1) 発達的な指標と考えられる項目　138
   2) 環境的な指標と考えられる項目　140
   3) 個人的特性の指標と考えられる項目　141

Part3. 全体のまとめと今後の課題　143

巻末資料　145
おわりに　175
文　献　179

第1章
描画テストに表れた子どもの心

1. 最初の異変

　私がこれら一連の調査を始めるきっかけとなったのは，1980年代の半ば頃から絵1や2のような絵が目立つようになったことにある。このように課題を羅列した絵や，内容的にも極めて機械的で貧困な絵は，それ以前の臨床経験では，絵3のような慢性化した統合失調症患者の絵か，あるいは絵4のような重篤なうつ病患者の絵にしか見られなかったものである。それに対して一般の人々では約8, 9割が，絵5や6に示すように，課題以外の道や山，草花なども入れて，それなりにまとまりのある絵を描いていた（三上, 1995）。
　ところが1980年代の半ば頃から，当時勤めていた企業の総合病院神経科において，いわゆる一流大学を卒業して一流企業に入社してきた新入社員が描いた絵のなかに，絵1, 2に示すような絵が見られるようになったのだ。そ

絵1

絵2

絵3

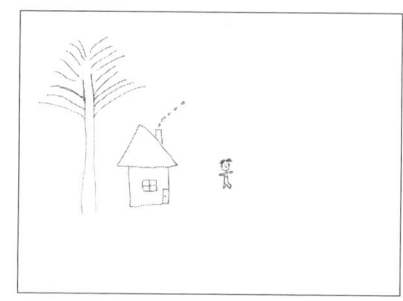
絵4

絵5

絵6

の共通点は，統合失調症患者と同様に課題しか描かず，全体的に羅列的で，現実感が乏しい，ということだった。彼らの状態は，何らかの身体的不調を訴えて欠勤がちになってはいたが，けっして統合失調症やうつ病を疑うような症状は認められなかった。それゆえ，最初は内科などを受診して，何らかの身体的問題がないかどうかが調べられていた。しかし，身体的には何ら問題が認められなかったために，最終的に何らかの心理的・精神医学的問題が疑われて，神経科に紹介されて受診してきた，という人々だった。そして，診察では一応しっかりとした受け答えができているので，問診だけでは特定の診断がつけがたく，参考のために，心理検査のオーダーが出されることが多かった。そうした場合，一般的にはS-HTPだけではなくロールシャッハ・テストも行うが，その結果はほぼ描画テストと同様で，反応数が乏しく，しかも紋切り型の反応が大半を占めていた。しかし，統合失調症のような現実

検討力の低下は見られない，という結果がほぼ共通点として認められた。

　以上のようなケースに対して，担当の精神科医とともに最終的に至った結論は，彼らの問題は何らかの精神疾患というよりも，豊かな感情や社会性などが育ち損ねてしまったという発達障害の問題なのではないか，ということだった。後に，IQ に対する心の知能指数 EQ（Emotional Quotient）が提唱され，その定義として「自分の本当の気持ちを自覚し尊重して，心から納得できる決断を下す能力。衝動を自制し，不安や怒りのようなストレスのもととなる感情を制御する能力。目標の追求に挫折したときでも楽観を捨てず，自分自身を励ます能力。他人の気持ちを感じとる共感能力。集団の中で調和を保ち，協力し合う社会的能力」（Goleman, 1995）と述べられたが，そのような機能の発育不全なのではないか，と思われた。今，改めて考えてみると，後述するような全般的な発達停滞の問題が，臨床現場ではこの頃から見られたということである。

　総合病院神経科でのそのような経験から，以前のように成人してから問題が明らかになって受診してくる患者を病院で待っているよりも，何らかの予防的活動が必要なのではないかと考え始めた。そして私自身の臨床活動は，次第に病院での心理療法的な関わりから地域での子育て支援活動へと移行していった。しかし，そうしたなかで特に 1990 年代に入った頃から，家庭における子育て力の低下が次第に深刻化していく状況を，目の当たりにするようになった。

　たとえば，早期教育の過熱化や，テレビ・ビデオ・ゲーム，後にはパソコンや携帯電話も加わって，親子ともに機械漬けの生活が一般化した。その結果，公園から子どもや親子の姿が消えるといった状況さえ生じた。先の心の発育不全と思われた新入社員の成育歴には，小学生の頃から勉強漬けになり，多様な交友関係や人間関係を体験していないという共通点があったが，それでも彼らの場合は，そのような生活はせいぜい小学校半ばからだった。それがさらに早期教育などで乳幼児期にまで及んだら，どのような問題が生じてくるだろうか。子育て現場での現状を見るにつけて，そのような心配が生じて，次項のような調査を行うことにしたのである。

2. 1997〜99 年の小学生に対する調査

1) 調査の概略

　詳しい報告は，すでに『描画テストに表れた子どもの心の危機——S-HTPにおける 1981 年と 1997〜99 年の比較』(三沢, 2002) でまとめているので，ここでは研究の概略とその結果を簡単にまとめておきたい。

　この調査からはすでに 15 年が経過しているが，最初の 1997 年の調査は，東京西部の四つの小学校において行った。前記のような疑問から始まった調査であったために，最初の研究計画では対象者を低学年に絞って，早期教育やテレビ・ビデオ漬けの生活の影響などを調査することを目的としていた。ところが，予備調査の段階で予想以上の問題が明らかになってきたために，急遽計画を変更して，小学校 1〜6 年生までの全学年を対象として S-HTP を実施することにした。そして，その 1997 年に行った東京の小学生 178 名の S-HTP 画と，1981 年に長野県の小学校で実施していた小学 1〜6 年生 238 名の S-HTP 画とを比較することにした。

　翌 1998 年には，1981 年の長野と 1997 年の東京との間で明らかになった違いが，時間差によるものなのか，地域差によるものなのかを判別するために，1981 年に調査を実施した同じ小学校で，全学年 191 名の児童を対象に S-HTP を実施してみた。その結果，確かに両群の違いは地域差というよりも時間差がより大きく影響していることがわかった。

　その後も，1980 年前後に見られたような絵が，本当にどこの地域でも描かれないものかどうか確かめるために，北海道西部の小さな町や鹿児島の離島などでも S-HTP を実施してみた。しかし，残念ながらいずれも東京の小学生の絵とあまり変わらず，むしろより深刻な問題を示す絵も多く見られた。私が 1980 年前後に発達的研究のために収集していた幼稚園児から大学生に至るまでの約千枚の S-HTP 画は，今となっては非常に貴重な存在になってしまったようだ。描画テストにご協力いただいた先生方にフィードバックする際は，必ず 1981 年当時の絵も並べてご覧いただくが，そうするとそれらを懐かしそうに眺めながら，「こういう絵は，今ではほとんど見られませんね」とおっしゃる方が多かった。

1999年に行った調査は、日本の最先端を行っている東京の高層ビル街にある小学校でのものだった。超高層マンションで暮らす子どもたちが、テレビ・ビデオ・ゲームなどの機械漬けの生活のなかでどのような心理的状態にあるのか、予防的な対策を考えるために実態調査をしてほしい、という学校からの依頼を受けて、小学1～6年生まで全学年181名に対してS-HTPを実施した。

1981年および1997～99年の受検者の内訳は、表1-1に示すとおりである。

これらすべての調査は、全クラスともに3, 4時間目（一部、1, 2時間目や5, 6時間目もあった）の2コマで実施した。まずは集団検査としてS-HTP

表1-1　S-HTPの受検者数

（※数字は人数）

		1年	2年	3年	4年	5年	6年	全学年
1981　長野	男	22	18	21	22	18	18	119
	女	21	20	22	16	19	21	119
	計	43	38	43	38	37	39	238
1997　東京	男	14	17	14	13	16	17	91
	女	12	14	16	11	12	22	87
	計	26	31	30	24	28	39	178
1998　長野	男	14	16	18	13	19	16	96
	女	17	14	17	16	12	19	95
	計	31	30	35	29	31	35	191
1999　東京	男	26	14	14	18	5	14	91
	女	16	20	11	16	14	13	90
	計	42	34	25	34	19	27	181
1997-99計	男	54	47	46	44	40	47	278
	女	45	48	44	43	38	54	272
	計	99	95	90	87	78	101	550
合計	男	76	65	67	66	58	65	397
	女	66	68	66	59	57	75	391
	計	142	133	133	125	115	140	788

表 1-2　S-HTP の集団検査マニュアル

S-HTP 開始マニュアル

検査のための説明
1. 名前などの自己紹介。
2. 今日は皆さんに絵を描いてもらうために来ました。
3. でも，それは絵のうまい下手を見るためのものではありません。
4. 皆さんが元気に毎日過ごしているか，何か困ったことがないか，などを見るためのものです。
5. また，それによって，より良い学校作り，地域作りを考えるための参考にするものです。
6. 普段言葉では表せないような気持ちが，絵には表現されることが多いので，今日はみなさんに絵を描いてもらうことにします。

実施時の教示
1. 紙は横に使ってください。
2. 忘れないうちに裏に名前と，学年と，女の子か男の子かを書いてください。
3. （表に戻して）家と人と木を入れて，何でも好きな絵を描いてください。
4. 家と木と人が入っていれば，どんな絵でもけっこうです。
5. 先ほど言ったように，絵のうまい下手を見るものではありませんが，いい加減でなく，できるだけ丁寧に描いてください。
6. 時間は自由ですので，好きなだけ時間を使って描いてください。
（何人か提出し始めたときに，他の人が焦らないように「あまり気にしないで，ゆっくり描いていいですよ」と言い添える）

描画後の主な質問項目
1. 「人は誰か」
2. （自分を描かなかった場合）「自分はどこにいるか」
3. 「家は誰の家か」
4. 「家の中には誰がいるか」
5. （質問が必要で可能な場合は）「これはどのような場面を描いたか」
　その他，わかりにくい箇所について適当に質問する。

を描いてもらった後に，終了者から順番に，個別の描画後質問を行った。質問内容は，「人は誰か」「何をしているところか」「家は誰の家か」「家の中には誰がいるか」「どのような場面を描いたのか」などである。その他にも不明な箇所があれば，適宜質問を行った。参考のため，集団検査をする際のマニュアルを表1-2に示す。

また，調査終了後に日を改めて，各担任の先生にフィードバックする時間を2時間ほどいただいて，こちらからは描画から見える特徴をお伝えし，先生からは日常生活での子どもたちの様子などをお聞きした。

このように，児童の背景にある情報なども極力収集するよう努めながら，本調査を進めた。

2) 子どもの絵に表れた問題

以上の調査結果の詳細は先に挙げた拙著（三沢，2002）をご覧いただくとして，ここでは，1981年に比べて1997～99年の絵にはどのような問題が見られたかを，簡単にまとめたい。参考までに，1981年の小学生がどのような絵を描いていたか，6年生男子の絵7，9，11と女子の絵8，10，12を示す。いずれも写実的で，全体的なまとまりやバランスも良く，生活感にあふれる絵であった。それに対して，1997～99年の絵にはどのような問題が見られたのか，同じく6年生の絵を抜粋したなかから，ご覧いただきたい（絵13～24）。

① 攻撃的・破壊的な絵の増加

たとえば絵13だが，本人の説明では，「戦争をやっているところ。みんな怒り狂っている」ということで，右端の人はナイフを持って人を刺し，刺された人は血を流している。また木は，今，まさにノコギリで切り倒されそうになっており，その左隣のビルは，上空からの攻撃で破壊されている。絵14も窓ガラスを割ったり，犬が噛みついたり，何らかの生物を燃やしたりしている，やはり全体的に攻撃的な絵である。

このような攻撃的・破壊的な絵は，1981年の小学生にはいっさい見られなかった。今回の調査でもけっして出現率が高いわけではなかったが，そのよ

1981年の小学6年生の絵

絵7

絵8

絵9

絵10

絵11

絵12

第1章 描画テストに表れた子どもの心　9

絵13

絵14

絵15

絵16

うな絵を描いた児童は，日常生活においてもトラブルメーカーになっていることが多く，そういう児童がクラスに何人かいる場合は学級崩壊になりかねない状況である，とのことだった。

② 非現実的な表現の増加

　統計的に分析した結果は，描画全体が非現実的な描写になっているものが，1981年は低・高学年ともにゼロだったのに対して，1997～99年は低学年で12.7％，高学年では13.5％の絵に見られた（三沢，2002）。

　絵15は，巨人が木を引き抜き，家を踏み潰し，人が今まさに昇天していく姿が描かれていて，全体的に破壊的であるとともに，非現実的な描写になっている。また，絵16のように家と木と人は現実的に描かれていても，そこに非現実的なものが混入しているような絵は，1981年においては低学年が5.6％,

絵17

絵18

絵19

絵20

　高学年が1.8％であったのに対して，1997～99年は低学年で13.4％，高学年で15.0％になっていた。逆に，全体的に現実的な絵が描かれていたのは，1981年の低学年は94.4％，高学年が98.2％であったのに対して，1997～99年は低学年73.9％，高学年71.4％と低下し，いずれも大きな有意差を示した（三沢，2002）。
　このような結果から，しっかりとした現実感が育っていない子どもが増えていることが改めて推測された。

③ 問題の多様化・両極化
　1990年代に入ってからは，子育て支援の現場でも，親自身の両極化が目立ち始めていた。そのため，そうしたなかで育った子どもたちが両極化していることは，ある程度は予想された。しかし，結果はそれをはるかに上回る状

態を示した。たとえばエネルギー水準でいうならば，絵17のように，うつ病患者でも描かないような極めて描線の薄い絵が見られる一方で，絵18のような躁状態の患者が描くような，画面いっぱいを埋め尽くしている絵が見られた。また，発達水準でいうならば，6年生の絵のなかに絵19のような幼稚園かせいぜい小学校低学年レベルの絵がある一方で，絵20のような高校生レベルといってもいいほどの早熟な絵も見られた。

このように，何らかの偏りのある絵が多いことは，今回明らかな特徴として見られた。具体的な数値で示すのは難しかったが，それなりにバランスの良い"普通の絵"は，1981年には8割程度に見られたのに対して，今回は多く見積もっても3分の1程度であり，後の3分の2には何らかの偏りが見られた，といえるだろう。

④ 小さく，暖かみのない「家」の増加

調査の時点でまず驚いたのが，子どもたちの描く「家」が小さくなったことである。たとえば，絵21は1979年に東京の小学4年生男児が描いた絵だが，家は中央に大きく描かれ，なおかつブザーや換気扇，物干し竿などの付属物がきめ細かに描き込まれていて，生活感にあふれる温かい家だった。子どもが家に守られて生活していることがよく伝わってくる絵である。それに対して絵22は，1997年の同じく4年生男児の絵だが，家は明らかに小さくなり，内容的にも窓とドア以外の付属物は無いという，無味乾燥な家になっている。1981年，1997年，1998年の「家」の大きさを統計的に比べてみる

絵21

絵22

絵23　　　　　　　　　　絵24

と，1997年は1981年の3分の2程度になっており，1998年長野県も東京に近い値を示していた（三沢，2002）。

　「家」は家族・地域など「心の受け皿」の総体を象徴しているといわれているので，まさにこれは，家庭や地域における子育て力の低下を示している特徴と思われた。

⑤ 棒人間など簡略化した人間像の増加

　一方，先に示した企業の新入社員の絵（絵1，2）にも共通しているが，絵23や24のような棒人間がたくさん描かれている絵も増えた。1981年の小学生の絵には，このような記号化された人間像はほとんど見られず，まずはしっかりとした自己像を描き，さらに身近な友達や家族を描いたという絵が一般的だった。ところが，今回はこのように誰でもない人をたくさん描いた絵が目立った。統計的に比較してみると，記号化された人間像の出現率は，1981年には低学年0.6％，高学年0％に対して，1997～99年は低学年4.6％，高学年16.2％となって，特に高学年では多くなっていた。

　これらの特徴から，自分に対する実感や自己肯定感，他者に対する共感性などが育っていないことが危惧された。

⑥ 小学校高学年での発達の停滞

　実はこれが最も大きな問題と思われるので，節を改めてこの問題を考えてみることにする。

3.「統合性」の発達の停滞

1) 発達曲線の違いから生じる疑問点

　実際の絵の分析は既定の149項目に従って行ったが、それらの全分析項目のうちで最も重要な項目が「統合性」である。この「統合性」は、「家と木と人を入れて一枚の絵を描く」という課題が与えられたときに、その三つの課題をいかに一つのまとまりのある絵として統合的に描いているかを判定するもので、実際には「羅列的」「やや羅列的」「媒介による統合」「やや統合的」「明らかに統合的」の5段階で評定する。

　図1-1は、その統合性を1～6年生まで学年ごとに分析し、その結果をロジスティック回帰分析にかけたものである。1981年の1年生を0とし、それに対する各学年の相対的位置を折れ線グラフとして表すことによって、1981年と1997～99年の発達的変化を比較している。

　これを見ても明らかなように、1981年の曲線は1～6年生の発達的な変化を示している。このなかで特に3年生と4年生の間で大きな差が見られるのは、これまでの描画発達の研究で言われてきたことからすれば、思ったように描く「観念画期」から、見えたまま描く「写実画期」へと移行したことを反映したものと思われる。それに対して1997～99年の結果は、1～6年生の全学年が1981年に比べて低い値を示しており、しかも4年生以降は明らか

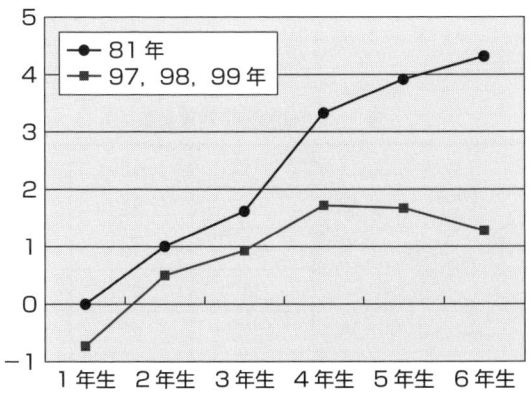

図1-1　統合性の発達曲線

に発達の停滞が見られ,そのレベルは 1981 年の 3 年生に相当することがわかった。

さらに,6 年生では停滞どころか低下が見られたが,それについて先生方の感想では,「最近は思春期が早まって,6 年生の頃から始まるのではないか」とのことだった。確かに,5 年生までは与えられた課題を素直に描いている絵が多いが,6 年生になると素直に課題に応じることをよしとせず,ひとひねり加えた絵を描いたために,結果として統合性が崩れた絵もかなり見られた。1980 年前後に行っていた発達的研究では,そのような絵は,一般的には中学生以降になってから見られた(三上,1995)。そういう意味では,全体的な発達レベルは幼くなっていても,その一方で,思春期の心性が早く現れるようになった,ともいえるようだ。

図 1-1 を見ていると,その他にも改めて四つの疑問が生じる。第一の疑問は,すでに 1 年生で見られる差が何歳頃から始まっているのか,保育園や幼稚園でも同じような差が見られるのかどうか。第二の疑問は,いったん小学 4 年生の段階で停滞した発達が,その後中学生や高校生になったときにまた上昇するのか,あるいはそのまま停滞しているのだろうか。そして第三の疑問は,このような問題はいったいいつ頃から始まったのだろうか。そして,最も重要な第四の疑問は,かつては順調に発達しながら今回は停滞しているこの「統合性」が示しているのは,いったい子どものどのような能力を反映しているのだろうか,ということである。

これらの疑問について,次項より一つずつ考えてみたい。

表 1-3　幼稚園の対象者数

		男児	女児	合計
過去群	1979 年 A 園	23	28	51 名
	1985 年 B 園	15	15	30 名
	合計	38	43	81 名
現在群	2005 年 B 園	27	25	52 名
	2005 年 C 園	31	38	69 名
	合計	58	63	121 名

2）違いは何歳から始まるのか —— 幼稚園児の S-HTP の比較

　上述のような問題が，はたして幼稚園児においても認められるのか否かを確認するために，1979 年に S-HTP を実施した A 園 51 名と，1985 年に実施した B 園 30 名，合計 81 名を過去群，2005 年に S-HTP を実施した B 園 52 名，C 園 69 名，合計 121 名を現在群として，両群を比較した（三沢，2007）。対象者は表 1-3 に示すとおりである。ただし，ここでの対象者はすべて年長児とした。それは，かつての調査結果から，年少児では S-HTP 画を完成させられたのは全体の 4.8％にすぎず，年中児で 51.5％，年長児になって 90.0％になることが明らかになっていたからである（三上，1995）。

　また，過去群については 6 年の時間差があるが，1985 年と 2005 年の間の 20 年に比べれば大きな差ではないことから，1979 年と 1985 年を合わせて過去群とすることにした。

　分析に際しては，小学生の S-HTP の分析に用いた 149 項目を基本として，家・木・人を大きさによって分類する項目を付加するとともに，幼稚園児を対象とした場合に無用と思われた項目を抜いて，計 154 項目によって全員の絵を分析した。各項目の分析をする際の基準は巻末資料 G に示したとおりである。さらに，それらをもとにして，それぞれの項目における各群の出現率を算出し，両群の有意差をカイ 2 乗検定によって算出した結果は，巻末資料 A に示した。また，両群の出現率に有意差が見られた項目については，表 1-4 に列挙した。

　以上の結果について，先の小学生に対する調査において見られた問題 ①〜⑥ に従って，幼稚園でも同様な特徴が見られたかどうかについて，まず検討したい。

　次に示した絵 25〜30 が過去群男児，絵 31〜36 が過去群女児，絵 37〜42 が現在群男児，絵 43〜48 が現在群女児の代表的なものである。

① 攻撃的・破壊的な絵の増加

　具体的な数値として示すほどではないにしても，絵 37 や絵 38 に示すような攻撃的な絵は，幼稚園でも見られるようになっていた。絵 37 は，ビルまでも怪獣と化している絵であり，絵 38 はこん棒を持った鬼とお化け，昇天して

過去群 男児

絵 25

絵 26

絵 27

絵 28

絵 29

絵 30

第1章 描画テストに表れた子どもの心　17

過去群 女児

絵 31

絵 32

絵 33

絵 34

絵 35

絵 36

現在群 男児

絵 37

絵 38

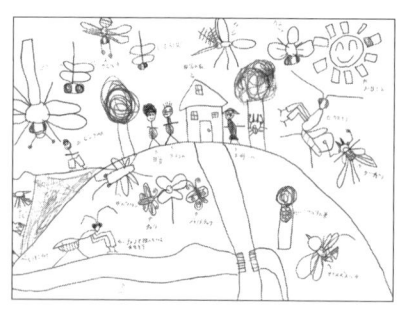
絵 39

絵 40

絵 41

絵 42

第1章 描画テストに表れた子どもの心　19

現在群 女児

絵 43

絵 44

絵 45

絵 46

絵 47

絵 48

表 1-4　有意差が認められた項目

1979,1985 年に多く見られた項目	2005 年に多く見られた項目
●やや統合的* ●直線（重なりなし）*** ●現実的描写** ●人が家へと歩いている* ●同性の人* ●人の大きさ 8〜12 cm** ●人の向きが混合* ●人が直立不動*** ●ひじあり*** ●手無し* ●家の大きさが 16 cm 以上** ●縦長の家*** ●家が縁立* ●ドア・窓あり*** ●アンテナ*** ●カーテン** ●幹下縁立* （以上，17 項目）	●やや羅列的*** ●遠近感がばらばら* ●遠近感がややあり*** ●描画サイズが全体で 4 分の 1* ●HTP の描画サイズが 4 分の 1* ●乗り物** ●現実と非現実の混合** ●人が正面向き* ●人が明らかに過大*** ●手が横に伸びている** ●簡単な運動* ●頭が 4 頭身より大* ●家が 1 軒** ●家の大きさが 4〜8 cm*** ●一面の家* ●正方形の家* ●家の基線あり* ●ドア・窓なし* ●ドアなし*** ●木の大きさが 4〜8 cm* ●枯れ木* ●上方直閉幹** （以上，22 項目）

（＊：$p<.05$，＊＊：$p<.01$，＊＊＊：$p<.001$）

いく人が描かれている。このような絵は，かつての幼稚園児の絵にはまったく見られなかったものである。これらの絵は，テレビやゲームなどの影響によるものだけではなく，家庭などにおいて，子どもが何らかのストレスフルな状況に置かれていることへの反応とも思われた。

② 非現実的な表現の増加

「現実的描写」が，過去群 91.4％ に対して現在群 75.2％ と有意に少なく，絵 37 のような「現実と非現実の混合」が，過去群 6.2％ に対して現在群 22.3％ と有意に多いことから，この特徴に関してもすでに幼稚園段階から見られる

ことが確認された（巻末資料A）。これは，①と同様に，現実世界で遊ぶ機会が減って，ゲームなどの仮想世界で遊ぶ割合が，幼稚園児においても増えていることが影響しているように思われる。

③ 問題の多様化・両極化

　たとえば「遠近感」に関して，過去群においては絵31～36の女児の絵に見られるように，家と木と人が直線上に並んでいて，まだ互いの重なりがない絵（直線〈重なりなし〉）が，66.7％と有意に多く描かれていた。これは，この発達段階においては標準的な描き方であるといえる。それに対して現在群においては，それ以前のレベルの絵46のような「ばらばら」な絵が7.4％，より発達段階の高い絵47のような遠近感が「ややあり」の絵が28.1％と，いずれも過去群よりも有意に多くなっている（巻末資料A）。この「遠近感」の描き方にも象徴されるように，過去群は全体的に年齢相応の平均的な絵が多く見られたが，現在群は園児によって発達差が大きく，たとえば絵42のように年少か年中レベルの極めて幼い絵がある一方で，小学3，4年生の絵といっていいほど極めて早熟な絵41のような絵が見られた。

　また，エネルギー水準に関しても，絵40や45のように「全体で4分の1以下」または「HTPで4分の1以下」の極めて小さな絵が，いずれも現在群に有意に多く見られる一方で，絵39や41のようなエネルギッシュな絵が見られた。つまり，小学生と同様に全体的に平均的な"普通"の絵が減って，いろいろな面での両極化傾向が幼稚園段階でもすでに明確に見られた。

　これは，特に90年代に入ってから，親自身の両極化傾向が際立つようになったなかで，その親に抱え込まれて育った子どもたちが，問題の世代間連鎖，さらに言うならば拡大再生産がなされていった結果なのではないか，と思われた。

④ 小さく，温かみのない「家」の増加

　絵31や33のように，「家の大きさが16cm以上」と大きな家が過去群に有意に多く見られたのに対して，絵44のように「家の大きさが4～8cm」と小さな家は，現在群に有意に多く見られた。また，「ドア・窓あり」や「カー

テン」「アンテナ」の描写が過去群に有意に多く見られたのに対して，「ドアなし」「ドア・窓なし」は現在群に有意に多く見られた。つまり，小学生と同様に幼稚園児においても家が小さく描かれ，なおかつ家の付属物がないなど，小さく温かみのない家が描かれる傾向が認められた。これは，まさに家庭における子育て力の低下の問題を，直接的に示す特徴のように思われた。

⑤ 棒人間など簡略化した人間像の増加

　絵38のような「記号化」や，絵40のような「シルエット」は，どちらも有意差こそ出なかったものの，現在群のほうに多く出現した。

　また，人の大きさを見ると，4cm以下の極めて小さな人は両群とも21.0%と21.5%とほぼ同じであったが，8～12cmの普通サイズの人間像は過去群のほうに有意に多く，それ以下の4～8cmのより小さな人間像は，有意差こそ見られなかったが，過去群32.1%に対して現在群43.0%とかなり多く出現した。

　描かれた人数に関しても，人を一人だけ描いているのは過去群53.1%に対して現在群64.5%と多く，さらに現在群において人を複数描いている場合は，家族を描いているものが目立ち，友達と楽しく遊んでいる場面は，あまり見られなかった。

　全体的に，現在群よりも過去群の子どもたちの描いた絵のほうが，生き生きと楽しく暮らしている，という印象を与えるものが多かった。

⑥ 統合性の発達の低下

　先の図1-1においても明らかだったように，すでに小学1年生で統合性に両群の差が見られていたため，その差がはたして幼稚園段階でも見られるものかどうかを調べることが，今回の調査の目的でもあった。

　さて，幼稚園児の「統合性」についての分析の結果は，「やや羅列的」な絵が，過去群6.2%に対して現在群26.4%と有意に多く見られた一方，「やや統合的」な絵は過去群27.2%に対して現在群14.0%と有意に少なくなっていることがわかった（巻末資料A）。つまり，「統合性」に関しても，幼稚園の段階ですでに低下が見られる，という結果であった。

以上，①〜⑥まで確認してきたように，先の調査において小学生に見られた問題は，すべて幼稚園児にも見られるという結果になった。ただし，今回の調査対象は幼稚園児といっても，S-HTP の実施が可能な年齢は年長児からであるために，年中児以下の子どもたちについては不明である。しかし，これまで研修会などを通して保育園や幼稚園の先生方からうかがった話によると，年長児に限らず，入園した段階からすでに何らかの遅れや問題が目立つ子どもたちが多くなっている，ということであった。

　そもそもこの S-HTP による子どもの調査を実施する動機づけとなったのは，母親相談や母親講座などを通して，"家庭における子育て力の低下"の問題を痛感したことからであった。そして，先述の小学生に対する調査の結果，4 年生以降の発育停止の問題が明らかになった段階では，小学 3 年生までの心の土台作りが重要であると考えていた。しかし，今回の幼稚園の調査結果からは，より早期の就園前の親子関係をはじめとする生育環境が，改めて重要であることが示唆された。

　ただし，以上の結果はすべて幼稚園の結果である。はたして，保育園の結果は同じようになるのだろうか。残念ながら，実施時期が幼稚園と保育園ではかなりずれていたため，今回の研究では統計的な比較は行えなかった。この年齢においては半年ずれても，かなりの発達差が出ることが十分に予測されたからである。しかし，全体を並べてみると，かなりその印象は異なっている。たとえば絵 49 から絵 52 の 4 枚は保育園児が描いた絵である。特に 49 〜51 の絵は昔の保育園児の絵とあまり変わらないもので，いずれも楽しそうで生活感にあふれた絵である。これらに限らず，他の絵もそれなりに豊かで生活感にあふれた絵が多く，子ども同士の世界がしっかりと描かれていた。

　現在の保育園は，共働きの家庭だけでなく，ハイリスクな家庭から子どもを保護するために入園してもらうケースも増えている。一方，幼稚園は幼児教育に熱心な園が多く，都内では園児のほとんどが小学校受験を控えているようなところもある。そのため調査前の先生方の多くは，当然，保育園のほうに問題のある絵が数多く出てくるだろうと予想されていたが，実際には逆の結果であった。幼稚園の先生方にはかなりショックな結果であったが，実

絵49

絵50

絵51

絵52

は私には予想どおりの結果であった。

　これまでの日本の育児は，母子関係や家庭の在りようが主要に考えられがちだったが，子どもが育つ環境は母子関係や家族関係だけではなく，他の大人や交友関係などの影響も大きい。たとえば絵52は保育園児の絵だが，これを見る限りは家庭的な問題がかなり深いことが推測される。なぜなら，家が真っ黒に塗られていて，土蔵のように重苦しく閉鎖的に描かれているし，太陽も黒く塗られている。やはり，太陽が黒くいびつに描かれている場合は，何らかの問題があることを疑ってもいいだろう。木も枯れ木に近いものが描かれ，総合的に判断すると，私は虐待さえ疑った絵である。しかし，この絵の最大の特長は，そのような過酷な状況にあっても，子どもは友達と楽しそうにボールで遊んでいる場面を描いていることである。絵40のように独りでサッカーをしている姿とは対照的である。どのような環境にあっても，友

達との関係が救いになりうる，ということがよく伝わってくる絵である。

　この調査に際しては，各園ごとにフィードバックをする予定だったが，以上のような幼稚園と保育園の差などがかなり明確に見られたので，改めて各園の同意を得て，保育園と幼稚園を含んだ六つの園の先生方に一堂に会していただいてのフィードバックを行った。参加された先生方が一様に驚かれたのは，表面的に見えているものと，この絵に表れたものにかなり大きなギャップがあったことである。特に，日頃優秀に見えていた子ほど幼い絵を描いているということで，確かに改めて考えてみると，保護者の面倒見が良すぎて身辺の自立ができていない面もあった，とのことだった。また，日頃，絵描き帳に描いている絵ともまったく違うとのことで，確かにこれは心理検査なのだと思う，とのことだった。それは，小学校の先生方からお聞きした言葉でもあった。

　おそらく，幼稚園と保育園の先生方が一緒に集まる機会は少ないのではないかと思うが，ここではその垣根を越えて合同で今後の保育や教育の在り方について協議した。また，家庭における子育て力の低下を今後それぞれの園がどのように補っていくかを考えるとともに，集団生活のなかで子どもたちの人間力・社会力をどのように養っていくかが，今後の重要課題であることを改めて共通認識とした。

3）発達の停滞は何歳まで続くのか —— 大学生の **S-HTP** の比較

　さて，小学生に見られた発達の停滞が，その後何歳まで続くのかという問題だが，これについてはまず，中学校や高校の先生方を対象とした研修や講演があるたびに次のような質問をしてみた。

　研修のなかで先ほどの図 1-1 を見ていただいた後で，先生方が「すでに小学 3 年生のレベルで彼らの心の発達が止まっているとするならば，今の中学生・高校生の言動がよくわかる」と思われたか，あるいは「実際には，それなりに彼らは発達している」と思われたか，いずれかに挙手していただいた。最も参加者が多かったのは，小学校から高校までの先生方約三千人が参加しておられた研修会だったが，後者に挙手したのはわずか 10 数名で，あとの圧倒的多数は前者のほうに手を挙げられた。

また，1997～99年時に小学生だった子どもたちがその後どうなっているのか，私立中学2校で行った調査は，表1-5に示すように，図らずも先の小学生の調査で明らかとなった両極化傾向が示された。都内の私立A中学校は，公立中学校では不適応を起こす可能性のある子どもたちが避難的に入学してくる中学校で，そこでは1997～99年の小学校高学年と同様に明らかな発達の停滞が見られた。しかし，首都圏ではあるが他県に所在し，かなり優秀な学生が集まっている私立B中学校では，逆に1979年の中学生の結果を上回り，統合性の良好な絵がより多く見られた。おそらく，普通の公立中学で実施したならば，これらが混在した結果となったのではないだろうか。

　いずれにしても，小学3年生レベルで見られた発達の停滞は，その後の中学・高校・大学まで続いている可能性があったので，最終的に大学において

表1-5　中学生の統合性の比較

	1979年 54名	2006年A 19名	2006年B 32名
統合性			
羅列的	0.0%	15.8%	0.0%
やや羅列的	0.0%	15.8%	0.0%
媒介による統合	0.0%	0.0%	0.0%
やや統合的	48.1%	52.6%	37.5%
明らかに統合的	51.9%	15.8%	62.5%

表1-6　「統合性」の比較

	1979 私立C 89名	2004 私立D 46名	2006～07 私立D 67名	2009 私立E 42名	2010 私立F 47名	1981 高学年 114名	1997～99 高学年 266名
羅列的	1.1%	2.2%	1.5%	0.0%	2.1%	0.0%	1.1%
やや羅列的	4.5%	2.2%	4.5%	4.8%	0.0%	0.9%	13.5%
媒介による統合	0.0%	0.0%	7.5%	2.4%	2.1%	3.5%	23.7%
やや統合的	18.0%	26.1%	38.8%	73.9%	76.6%	77.2%	57.5%
明らかに統合的	76.4%	69.6%	47.8%	19.0%	19.1%	18.4%	4.1%
合計	100.0%	100.0%	100.0%	100.0%	100.0%	100.0%	100.0%

（私立E・F大資料提供：名古屋大学大学院教育発達科学研究科　纐纈千晶）

S-HTP を実施し，その結果を過去の S-HTP 画と比較してみることにした。その結果は，表 1-6 に示したとおりである。

また，実際の絵については絵 53 〜 58 が 1979 年 C 大学，絵 59 〜 64 が 2006 年 D 大学のなかで統合性が良好だったもの，絵 65 〜 70 は統合性の悪かったものとして，それぞれ代表的な絵を示した。これらを見ると，同じ統合性が良好な絵であっても，絵 53 〜 58 と絵 59 〜 64 とはかなり違っていることがおわかりいただけるものと思う。おそらく，小学校や幼稚園で用いた分析項目で詳細に比較するならば，さまざまな違いがさらに浮き彫りにされてくる可能性もあるが，以下は「統合性」に絞っての比較である。

この表 1-6 は，1979 年の私立 C 大学，2004 年および 2006 〜 07 年の私立 D 大学，2009 年の私立 E 大学，2010 年の私立 F 大学の統合性の結果を比較したものである。さらにそれらを，1981 年の小学校高学年および 1997 〜 99 年の小学校高学年の統合性の結果と比較した。これを見ると，2004 年の大学生の統合性の結果は，1979 年の大学生とそれほど大差はない。これだけ見ると，小学校での発達の停滞は，大学に至るまでにそれなりに解消された，と考えられる。ところが，同じ D 大学でも 2006 〜 07 年に検査した結果では，「明らかに統合的」な絵が低下していた。

さらに 2009 年に，他の私立 E 大学で行った調査結果は，統合性がさらに大きく低下していることがわかった。しかも，念のため翌年に実施した他の私立 F 大学での結果も，ほぼ変わらない結果を示した。そして，それら E・F 大学の結果は，1981 年の小学校高学年の結果とほぼ同じであることがわかった。つまり，かつての小学生高学年のレベルで発育が停滞したまま大学生になっている，という結果が示されたのである。彼らが小学生だったときの 1997 〜 99 年の結果と比べてみると，「明らかに統合的」の割合は 4.1% から 19.0% に上がった程度で，かつての子どもたちが 18.4% から大学生になったときには 70% ほどまで上がるという変化に比べると，かなり大きな違いが見られた。

一つの実験として，大学院の描画テストに関するゼミのなかで，1981 年の 6 年生が描いた絵と 2010 年に大学生が描いた絵を並べて，どちらがより成熟度が高いように見えるかを聞いたところ，参加者ほぼ 20 人全員が 6 年生の絵

1979年の大学生の絵

絵53

絵54

絵55

絵56

絵57

絵58

第1章 描画テストに表れた子どもの心　29

2006年の大学生の絵（統合性が良好な群）

絵59

絵60

絵61

絵62

絵63

絵64

2006年の大学生の絵（統合性の悪い群）

絵65

絵66

絵67

絵68

絵69

絵70

のほうを選んだ。次に比較対象を5年生に下げても，やはり全員が5年生のほうを選び，4年生にまで下げて初めて半々という結果になった。さらに3年生まで下げると，さすがに全員が大学生のほうが高いという判断になった。やはりこの実験においても，現在の大学生は，1981年当時の小学生と比べると，ほぼ3，4年生のレベルに相当すると考えられるのである。その実験結果は，翌年もまったく同じだった。

　さらに，最近，子育て支援者の研修会の中で，このところ急に親たちの様子が変わってきた。たとえば私たちが十年ほど前から行ってきた「完璧な親なんていない」という親教育支援プログラムの参加者が減り，「子育て広場」に来る母親の数も減ってきた，という話を何人かから聞いた。それを聞いて改めて気づいたのが，4）で詳述する1984年生まれの人々が2013年には29歳になっているので，確かに親になる年代になっていたのである。もし本当にS-HTPが示すように，小学生での発達の停滞が大学生にまで続いているとしたら，社会人になっても親になっても，その発達の停滞は続いている可能性は十分にある。

　参考のために，大学院生に行った小学生と大学生の絵を比べる実験を子育て支援者にも行ってみたところ，大学院生と同じように，かつての小学3年生の絵と大学生の絵とがほぼ同じレベルであると判定した。そして，そうであるならば親たちの今の状態もわからないではない，ということだった。生まれた時から機械漬けのなかで育った彼らが，さらに大人になってスマートフォンやパソコン漬けになっている可能性もある。最近，ネット中毒になっていた母親のカウンセリングをしていて，最後に「どのくらいの母親がネット中毒になっているかわかりませんよ」と言われたが，改めて電車の中で子連れの母親の様子を観察していると，確かに多くは子どもにはお構いなしに，スマートフォンでのやり取りに熱中している。そうしたなかで，子どもたちはゆるやかなネグレクト状態に置かれている可能性もあり，最近の発達障害の増加は，実はそのような社会的問題としても起こっているのではないかとも思った。

4）この問題はいつ頃から始まったのか

　1997年にこの調査を始めたのは，冒頭で述べたように1990年代に入った頃から急に親たちの質が変わった，という印象があったからだ。東京ではだいたい30歳くらいで第一子を出産する人が多いので，ちょうどその頃から"新人類"と呼ばれていた人々が続々と親になった，ともいえる。私は当時，「宇宙人のような親が現れた」とか，「王子様・王女様育ちの親が現れた」と思うことがしばしばあった。確かに，彼らは1960年頃から一般化した，核家族・夫婦分業・専業主婦の母親から身の回りの世話をされて，勉強や習い事，仕事だけをしていればいいという状況のなかで育った人々なので，物理的に親になっても，精神的・実質的にはなかなか親役割が取れないとしてもやむを得ないのではないか，とも思った。とはいえ，そのような親の元で早期教育漬けや，テレビ・ビデオ・ゲームなどの機械漬けで育った子どもたちがどのような育ち方をしているのか，それを知るためにこの調査を始めたということがある。そのため，低学年の子どもたちに何らかの問題が見られることは十分予測していたが，1997年の調査では，低学年のみならず，小学6年生にまで同じような問題が見られるという結果になった。それではこの問題は，何年頃に生まれた子どもたちから始まっていたのか。それが大きな疑問として残っていた。

　実はわが家には二人の子どもがいて，下の娘は1985年生まれで，ちょうど1997年の調査時に小学6年生になっていた。私が調査結果に驚いて，娘に「あなたたちはずいぶん大変な状況で暮らしているのね」と言ったときに，「今頃わかったの？」と達観した顔で言ったものだった。一方，上の息子は1982年生まれで，すでに中学3年生になっていたが，彼が小学生の頃のクラスの状況を考えると，まだそれほど問題は感じられなかった。それでは，この1982年と1985年の間のどこかに，何らかの節目があったのだろうか。

　私が大学に在職していた2002年4月から2007年3月にかけての5年間は，ちょうどこの年代の子どもたちが大学に入ってきたことになる。そして，彼らが3年生になったときに専門の心理学の授業が始まり，そのなかで1期生と，3期生，4期生に，このS-HTPを実施した。その比較結果が，表1-6にも示したように明らかに異なっていた。1期生，つまり1年浪人した学生な

らば 1982 年 4 月から 1983 年 3 月生まれの人，現役ならば 1983 年 4 月から 1984 年 3 月生まれの人がいた学年は，1979 年の大学生の結果とあまり変わりがない数値を示していた。しかし，3 期生と 4 期生，浪人生も含めるならば 1984 年 4 月生まれから 1986 年 3 月生まれの人たちの結果はかなりの低下を示し，しかもかなりはっきりと統合性が良好な群（絵 59〜64）と悪い群（絵 65〜70）とに分かれていて，悪い群のほうはほぼ小学校 3, 4 年生レベルに留まっている，という印象の絵になっていた。

　絵から見る限り，どうもその節目は 1984 年生まれ頃にあるように思われたので，当の学生たちに確かめてみたところ，確かに 1984 年生まれの学生たちは，どこにおいても「この学年は，今までの生徒たちと何だか違う」と先生方から言われてきた，ということなのだ。

　それでは，その時期に何か決定的に変わる要素があったのだろうか。それを学生たちと討議していたときに，次のような変化があったことがわかった。彼らの話によれば，幼稚園のときから「ゲームボーイ」などが普及していて，遊びの中心がゲームになっていた，とのことだった。それ以前の子どもたちは，少なくとも小学校に入る前は外遊びを十分にしていたが，1984 年生まれ以降の子どもたちは，そういう経験があまりないまま小学校に入学してきた，ということなのだ。確かに，私の記憶でも 1982 年生まれの子どもが小さかったときは，午前 10 時というと何をおいても子どもを公園に連れて行って遊ばせるという強迫観念のようなものがあったが，1985 年生まれの下の子については，私自身もその観念があまりなくなっており，公園に連れて行っても以前ほど親子の姿が見られなくなっていた。それは，その 3 年の間にレンタルビデオの普及などもあって，徐々に親子が外に出なくなり，家で機械漬けの生活となる家庭が増えていっていたからかもしれない。

　なお，私が在職していた大学では，統合性の良好な群がほぼ半分になっていたが，2009 年と 2010 年の結果は，かつての小学校高学年レベルまで低下していた。はたしてそのような状況のなかで，大学教育というのが成り立つのかどうか，たいへん危惧された。

5)「統合性」の発達停滞が示すものは何か

　それにしても，この描画における統合性の発達の停滞が，具体的には子どものどのような生物・心理・社会的発達の問題を反映しているのだろうか。これまでの描画研究では，小学校前半は「観念画期」に当たるが，後半は「写実画期」へと移行する，といわれてきた。まず，そのような変化は，どのような発達的変化を反映したものなのかを考えてみよう。

　「思ったままを描く」観念画期というのは，自己中心的な観念の世界で絵を描いているといわれている。たとえば幼稚園児の絵には，客観的な大きさとは無関係にまず自分を大きく描き，その他の人でも自分にとって重要な人を大きく描く，という傾向が見られる。また，アニミズム的な思考性が強い時期でもあるので，絵35のように擬人化された動物や木を描いたり，家も人間と同様に直立しているような縦長のものが多く描かれる。

　そのような観念画期を脱して，「見えたままを描く」写実画期に移行するためには，まず外界を客観的に見られるようになることが必要である。また，外界を細やかに観察するだけではなく，その観察したものを記憶にとどめ，それを紙上に表現できるようになる観察力と記銘力，そしてそれに応じた表現力も育っていくことが必要だ。

　さらに「統合性」に絞って考えるならば，「明らかに統合的」と判定されるような絵を描くためには，人と家と木などの大きさのバランス，配置，関係づけ，課題以外の付加物，人が複数描かれている場合の各人の動き，関係性などを考えて表現することが必要になる。そのためには，自分と外界や他者との関係をある程度客観的に把握できるようになる，つまり低学年までの自己中心的な世界から出て，自分と周囲との関係性を意識できるようになることが必要なのではないか。

　今回の調査で，統合性の発達レベルが高学年になっても小学3年生レベルで停滞し上昇が見られないという結果は，それだけ自己中心的な世界に留まっていて，自分と他者との関係性が見えていない子どもたちが増えている，ということを示しているのかもしれない。「空気が読めない人」を「KY」と呼んだ時期もあったが，それはこの結果にも通じていると思う。先生方からも，「自分のなかだけで自己完結していて，高学年になっても周りに目が向

かない子どもたちが多くなっている」「いつまでもギャング・エイジを引きずっていて，高学年になっても無軌道で，周りに合わせられない子どもが増えている」という話がよく聞かれた。

　それをもう一歩踏み込んで考えるために，改めて発達心理学などの諸理論を調べてみた。しかし，残念ながら多くの心理社会的発達理論では，6～11歳は「児童期」として一括りにされていて，低学年と高学年との発達心理的な違いを明確に説明するような理論は見当たらなかった。たとえば，フロイトにおいては「潜伏期」，エリクソンにおいては「勤勉対劣等感」，ピアジェにおいては「具体的操作期」という具合である。

　そこで，先の結果が出たときに，個人的にお話しする機会を得た養老孟司先生に，脳生理学的見地からこの結果をどのようにご覧になるかをうかがってみたところ，これは前頭葉機能の問題ではないか，との指摘を受けた。信州大学教育学部で長年にわたって続けている研究でも，同様に小学校の高学年で前頭前野の発育停止と思われる結果が出ている，とのことだった（養老，2003）。それをきっかけとして，私は前頭前野と S-HTP との関連性について考えるようになった。

4．S-HTP と前頭前野の機能

1）S-HTP と前頭前野との関連性

　この前頭前野は，人間において最も発達し高次の脳機能をつかさどっている重要な部位で，脳に入力されるさまざまな情報を取捨選択し統合して，最終的な意思決定をし，自分の言動や感情をコントロールするところである。

　外傷や腫瘍，脳血管障害，あるいは一時期有効な治療法とされていたロボトミーなど，何らかの原因によって前頭前野が損傷した場合は，積極性がなくなる，自主性がなくなる，無気力になる，周りの出来事に対して無関心になる，子どもっぽい態度や行動が多くなる，多幸的，楽天的な態度を示すことが多くなる，問題解決能力が欠如する，計画性が欠如する，反応抑制が欠如する，行き当たりばったりのことをすることが多くなる，同じような行動を繰り返し行うようになるなどの行動が観察され，短期記憶の障害と考えら

れる変化も生じる。しかし，個々の感覚機能，知覚機能が損なわれることはなく，長期記憶や学習機能などにも特に障害が生じない，ということである (Fuster, 1997)。

　要するに，前頭前野が損傷を受けた場合は，表面上はそれほど変わりがないように見えても，次第に計画性や柔軟性，能動的な意思決定などが困難になる。また，有名なフィネアス・ゲージのケース (Stuss & Knight, 2002) や，ベトナム戦争のアメリカ戦傷兵にも見られたように (Grafman et al., 1996)，性格が粗暴になったり攻撃的になったりする問題も生じる，ということである。

　そのような前頭前野の機能が明らかにされるのと並行して，前頭前野と統合失調症やうつ病との関連性，注意欠陥多動性障害 (ADHD) やアスペルガー症候群との関連性などについての研究も進められてきた。特にアスペルガー症候群については，「高次の心の理論課題」と呼ばれる「奇妙な物語課題」や「失言検出課題」を遂行中の前頭前野内側部の活動が，健常群と比べて低下しているという報告もあり，アスペルガー症候群の社会性やコミュニケーション能力の低さと前頭前野の関連性が指摘されている，ということである（梅田，2005）。

　また，フスター (Fuster, J. M.) の述べた特徴のなかに，短期記憶の障害は生じるが長期記憶には特に障害が生じないというものがある (1997)。その短期記憶に関しては，作動記憶または作業記憶（ワーキングメモリー，working memory）との関連で研究が進められている。短期記憶とワーキングメモリーの違いは，前者では入ってきた情報が一時的にパッシブに保持されるのに対して，後者ではそれがアクティブに保持（と処理）がなされる。また，ワーキングメモリーの特徴として，情報を書き込んだり消したりできる「心の黒板」（苧阪，2000）としての価値が強調されている。そして，機能的磁気共鳴画像法 (fMRI) や脳磁図測定法 (MEG) や陽電子放射断層法 (PET) など生体を傷つけないで測定する方法が開発されてから，このワーキングメモリーの重要な働きの一部は，前頭前野に発現することが明らかになっている（平山・保野，2003）。

　さて，ここで改めて S-HTP と前頭前野の機能についての関連性を考えて

みたい。私は，たまたま慢性の統合失調症の入院患者が大半を占める精神病院において，定期的に心理検査を実施することになった。その際，3枚または4枚描くHTPテストよりも，1枚描くだけのS-HTPのほうが，より患者にとっての心理的負担が少ないだろうということで，S-HTPを採用した。しかし，より簡便な方法であると思って実施しているうちに，実は「家と木と人をすべて入れて，一枚の絵を描く」という統合型にしたことにこそ，極めて重要な意味があることが次第にわかってきた。

　HTPテストのように各課題を別紙に描く場合は，それぞれの形を思い描いてそれを描くだけですむが，三つの課題を入れて一つの場面として描くためには，行き当たりばったりではなく，それなりの計画性や構成力が必要となってくる。また，三つの課題をそれなりに統合的に描くためには，課題だけではなく，それらをつなぐ道や山，草花などの課題以外のものを自発的に加えるなど，それなりの柔軟性や能動性が必要になってくる。これらはすべて前頭前野の機能に相応するものなのではないか。

　S-HTP以外にも類似する描画テストとして風景構成法があるが，これはS-HTPのように初めから全課題が提示されるわけではなく，検査者から順次与えられた課題を描いていくものである。そういう意味では，それらの課題を取り入れながら，ひとつの風景として構成していく柔軟性は求められるが，はじめから全体的にどのような光景を描くかという計画性は持ちようがない。また，順番に「川-山-田んぼ-道-家-花-動物-石」と細かく課題が指示されるため，それらを描くのに精一杯になり，最後に「何か足らぬもの，描きたいものがあったら描き加えてください」と言われて何かを描き加えるにしても，それは指示に従ったことになる。そういう意味では，S-HTPほどには被検者が自主性や能動性を発揮する余地がない，ともいえる。

　それに対してS-HTPの場合は，「家と木と人を入れて一枚の絵を描いて下さい」という教示のみで，あとはすべて被検者の自由に任される。それゆえ，家・木・人をただ羅列して描くか，あるいは自発的に山や道や花などを入れて，一つのまとまった場面として描くかは，すべて被検者に委ねられることになる。実は，そこにこそ前頭前野の機能レベルが反映されるのではないだろうか。もし何らかの機能不全がある場合は，「積極性がなくなる，自主性が

なくなる，無気力になる，周りの出来事に対して無関心になる，問題解決能力が欠如する，計画性が欠如し行き当たりばったりになる」(Fuster, 1997)ということなので，当然「羅列的」と判断されるような絵を描くことになるだろう。逆に前頭前野が十分機能しているならば，三つの課題を含めて全体的にどのように構成するかをあらかじめ計画し，そのために必要な課題以外のものを自主的に加え，最初の構図を思い浮かべながら，それに近付けるように表現をして，必要に応じて柔軟に修正を加える。そのようにして，「明らかに統合的」と判定される絵を描くことになるだろう。そして，その全作業を通して前頭前野にあるといわれているワーキングメモリーが機能することが必要である。

　2004年にある番組で脳科学者の澤口俊之氏と対談した際にも，このS-HTPが前頭前野の機能を測る上でかなり有効になるのではないか，とのことだった（日本放送協会，2004）。もしそうであるとするならば，図1-1に示した結果は，前頭前野の発育が小学3年生レベルで停滞していることを示していることになる。確かに，前頭前野の損傷によって起こる問題として挙げられている，「積極性・自主性がなくなる，周りの出来事に対して無関心になる，子どもっぽい態度や行動が多くなる，問題解決能力が欠如する，計画性が欠如する，反応抑制が欠如する」などの特徴は，すべて最近の青少年の問題として指摘されていることであり，さらにいうならば，昨今の少年犯罪にも共通する特徴ともいえるのではないか。

2）なぜ前頭前野の発育停止が起きているのか

　それでは，なぜこのような問題が生じてきたのかを次に考えてみたい。
　たとえば，『ゲーム脳の恐怖』という本を書かれた森昭雄氏（2002）は脳神経科学の専門家だが，認知症を簡易に検出できるような機器を開発していたときに，ソフトウェア開発者8名の検査をしてみたところ，全員が認知症患者と同じ結果を示した。それが機器自体の問題なのか，あるいはその人たちの問題なのかを確かめるために，改めてコンピュータやゲームを長時間行っている人たちの前頭前野を調べてみたところ，以下のような問題が次第に明らかになった。

前頭前野は，先の説明と重なるが，「動物的な行動を抑え，人間らしい理性をコントロールしているところであり，いろいろな知識と照合して最終的な意思決定をする領域で，なおかつ人間がキレそうになったときに，強力なブレーキをかけるところ」とのことで，その機能がほとんど停止している人を，森氏は「ゲーム脳人間タイプを示した人」と言っている。その人たちは，「物忘れが激しい，物覚えが悪い，集中力がない」などの自覚症状があり，さらに8割の人が「キレやすい」と認めた。ちなみに「ゲーム脳人間タイプ」といわれる人は，ゲームを週4回以上，1日2〜3時間，10年以上行っている人で，そういう人たちはほとんど認知症患者と同じように，前頭前野がまったく機能しない状態にある，ということであった。

　森氏が，なぜそのようになるのかを説明したのが，図1-2と1-3である。

　普通，外でボール遊びなどをしているときの脳の機能は，ボールを見た情報がまずは視覚野に行き，次に位置関係や空間関係の情報が前頭前野に行って，ここから運動野に指令が行き，それがさらに体に伝わるという。現実世界で遊んでいる子どもたちは，必ずこのプロセスをたどって動いていることになる。

　ところが，ゲームをしているときは，目から視覚野に行った情報が直接運動野に行って，そこから体に指令が飛ぶ。よくゲームをしていると敏捷性が養われるといわれるが，それは前頭前野へのプロセスが省かれているからということだ。そうやって長時間ゲームをしているうちに，前頭前野への刺激が減少し，そのうち前頭前野の機能停止が起きてしまう，ということである。

　また，「キレる」というのは扁桃体からの突発的な行動だが，図1-4のように前頭前野からの抑制信号によって，普通は抑えられている。しかし，前頭前野が機能しなくなった場合は，図1-5のようにその抑制信号が伝わらなくなり，容易にキレてしまうために，ゲーム脳人間タイプの人は「キレやすい」と答えた人が8割にもなった，ということだ（森，2002）。

　私自身も，1997年の調査結果に対して，保護者や先生方からテレビ・ビデオ・ゲームなどの影響についての質問を受けることが多かったため，1998年と1999年の調査では，描画テスト以外に，テレビ・ビデオ・ゲームに関するかなり詳しいアンケート調査を行った。そして，それらの結果が，どのよ

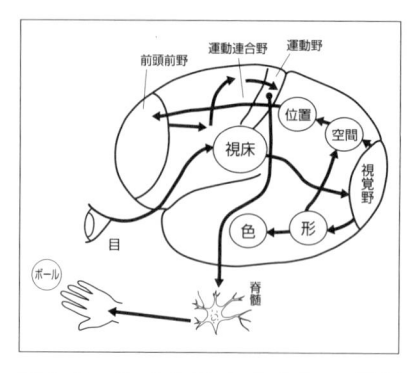

図1-2 ボールを手でつかむまでの情報の伝わり方
（森，2002，p.40）

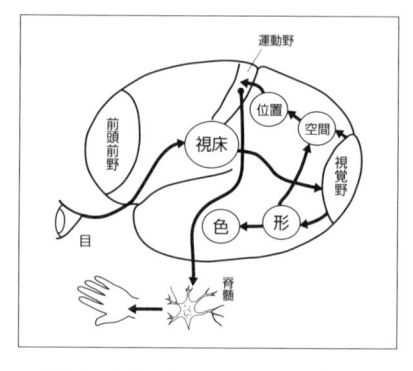

図1-3 視覚と運動出現の脳内経路
（森，2002，p.24）

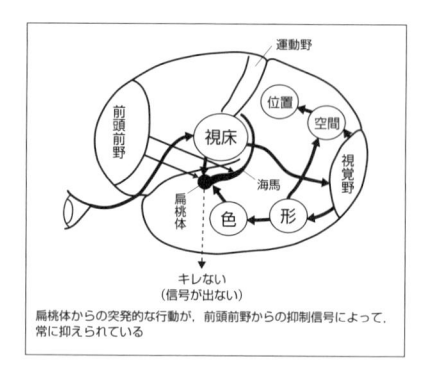

図1-4 激情の抑制
（森，2002，p.152）

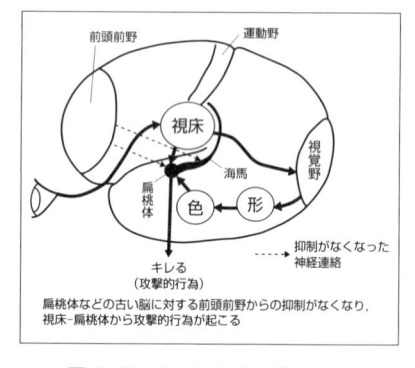

図1-5 キレたときの脳のなか
（森，2002，p.106）

うに S-HTP に影響を及ぼしているかを調べてみたところ，統合性に関しては「一週間のうちゲームをする日数が多くなるほど，統合性は悪化する」「平日ゲームをしている時間が長くなるほど，統合性は悪化する」「友達と遊ぶときに，ゲーム以外の遊びはしない子ほど，統合性は悪化する」などが明らかとなった（三沢，2002）。ただし，テレビについては「テレビを見ている時間が長くなるほど，統合性は良好になる」となったが，それは，テレビを長時間見ている子どもほど，ゲームはあまりしていない可能性があるからかも

しれない。いずれにしろ，子どもの心に与える影響力は，テレビよりもゲームのほうが大きいことが確認された。また，外遊びもしていて帰宅後にゲームをする場合や，友達と一緒にゲームをするなどの場合は，あまり影響がないということも明らかになった。

　それらの結果を総合的に考えるならば，ゲームやパソコンが直接的に悪影響を及ぼすというよりも，ゲームやパソコンのみに没頭していた結果として，周囲の現実との関わりや人間関係などが希薄になることが，むしろ問題なのではないかと思われた。

3）前頭前野の脳力の発達に必要なもの

　人間においては，前頭前野が大脳全体に占める割合はおよそ 28％ ということである。猫では 3％，犬では 6％，ニホンザルでは 12％，チンパンジーにおいても 17％ にすぎないということなので，人間と他の動物の決定的な機能的差異を作り出しているのは，この前頭前野にあるといっても過言ではない。前頭葉の表面積は，2歳までに誕生時の 3倍になり，その後は 10歳まで緩やかに増加して約 4倍になり，そこで量的な増加は止まる。そのため，前頭前野の発育は 10歳前後までに決まるという見方があり，実際に図 1-1 として示した S-HTP の結果でも，1997〜99年の小学生の発達は確かに 10歳前後で停滞していたのである。

　一方，脳の機能はその大きさだけで決まるわけではなく，神経回路やシナプスの形成とともに，軸索の髄鞘化が脳の発達にとって重要な意味を持ち，子どもの脳の発達は髄鞘化の過程であるとも考えられている（川島，2002）。ヤコブレフが著した髄鞘化の発達図によると，前頭前野へとつながる神経の発達は，生後 4カ月頃から始まって，20歳頃まで続くということである（Yakovlev & Lecours, 1967）。確かに，1980年前後に幼稚園から大学生まで約千名を対象として行った調査では，「明らかに統合的」な絵は，小学校高学年生が 45.6％，中学生が 75.7％，高校生が 90.0％，大学生が 93.3％ と，中学生以降はなだらかになるものの，大学まで増加していた（三上，1995）（注：表 1-6 では 1979年の大学生の「明らかに統合的」が 76.4％，1981年の小学校高学年が 18.4％ となっているが，それは基準をより厳しく改めたことに

よる)。

　さて，その発達のプロセスを促進するものは何かというと，たとえばローゼンツヴァイクは，ラットを使って生育環境が脳の発達にどのような影響を及ぼすかを検討した。その結果，刺激の豊かな環境条件で育ったラットは，刺激の乏しい環境条件で育ったラットよりも脳重量が重くなることが示された。その豊かな環境には，ブランコ，ハシゴ，木片などの遊び道具が多く備えられていたが，両環境の違いで最も大きかったのは，ケージの中に入れられていたラットの数（1匹，3匹，10匹）の違いであったということだ。それぞれの環境のなかで，他のラットと接触し，交流し，時には争うといったことが，彼らにとっておそらく最も大きく豊かな経験となり，それが脳の成長に有効な刺激となったにちがいない。つまり，脳に対して最も有効な刺激を提供したのは自らの仲間だった，ということである（Rozenzweig, et al, 1972)。それを受けて永江は，子どもの脳の成長に有益なのは，親や他の大人と関係を持ち，また同年齢の仲間と交流し遊ぶことで，子どもの脳はより豊かな刺激を受け，活発に活動して成長を高めていくと考えられている，と述べている（永江，2004)。

　また，環境に能動的，積極的に働きかけることが，脳の発達にどのような影響を及ぼすかを調べたヘルドらの実験では，能動性が許容される環境で育った猫よりも，受動的環境で育った猫のほうが，脳機能の一部の発達が抑制されるという結果を得た（Held & Hein, 1963)。それゆえ，これらの結果から永江は，脳の発達をより促進するためには，豊かな環境を与えるだけでなく，環境に能動的に関わることができるようにすることが重要であると指摘している（永江，2004)。

　さらに，ジェーン・ハーリー著『滅びゆく思考力——子どもたちの脳が変わる』のなかで，「不遇な環境にある脳」という章において，「脳発達の初期に起こる身体的，情緒的，認知的な出来事は一生にわたり影響を及ぼす。経済的に不遇な家庭の子どもたちは，多くの場合学校に適応できない貧弱な頭脳しか備えずに学校に入ってくる。同じことが，彼らとは反対の『特権的な』子どもたちのある部分においても次第に現実のものになっている」（Healy, 1990）と述べ，劣悪な環境のなかで生じる問題を一方で語るとともに，もう

一方の経済的に恵まれた家庭においても，子どもたちの発達レベルに合わない学習を強いる親のエゴによって問題が生じる場合もあると指摘している。

以上，脳科学領域において指摘されてきたことを概観してきたが，まだそれほど多くの研究が行われてはいないようだ。しかし，そもそも私が1997年から調査を始めるようになったのは，子育て支援の現場において1990年代から急に早期教育が盛んになり，レンタルビデオなども安価になって，親子で公園に来る姿が見られなくなった，ということに起因していた。しかも，それ以前の1980年代半ばには，児童期から受験戦争に投げ込まれ，その結果一流企業に入社してはきたものの，社会力・人間力が育っていないため会社から脱落していく人々を，この描画テストを通して見てきた。彼らが描いた貧困なS-HTP画の背景には，豊かで多様な人間関係がなかったという生育環境が，ほぼ共通して見られた。それが乳幼児にまで及んでしまったなら子どもの発達はどうなるのか，そういう問題意識がこれら一連の調査を始める動機づけになっていたのである。

現在，インターネットを通して誰とでも広くゆるやかにつながることはできる。しかし，身近で密接に関わっている人間関係というのは，実はそれと反比例するかのように，極めて少なくなっているのではないか。高層住宅の光も射さない暗い部屋の中で，昼夜の変化さえもわからなかったり，窓の外が見えるとしても空ばかりで，行きかう人の姿も人の声も聞こえない，刺激の少ない中で育っている。あるいは逆ににぎやかな機械音の中で育っている。そういう子どもたちが増えているのではないだろうか。

次章では，以上のようにS-HTPを通して見えてきた発達の停滞という問題に対して，どのような背景があり，どのような対処法，予防法があるのか。それを模索するためにその後行ってきたフィールドワークを紹介しながら，さらに深く考えていきたい。

第 2 章
問題に対する S-HTP を用いたアプローチ

　第1章では，描画テストに表れた子どもの心の問題について述べ，それが何を表し，なぜ起きているのかという仮説を述べてきた。
　それに対して本章では，その発展的な研究として，① 前章で述べた仮説を検証するために外国の小学校で S-HTP を実施し，日本の子どもたちと比べてどのような違いがあり，その背景にどのような成育環境の違いがあるかを検討する。② 予防的な観点から，かつて小学校で見られた問題が幼稚園の段階で明らかに始まっていたという結果を受けて，幼児に3カ月おきに S-HTP を実施して，問題が見られた絵に関しては親にその結果をフィードバックし，その後描画がどのように変わっていくかを検討する。③ 前頭前野の発達は10歳前後で停止するといわれているが，いったん発育停止した描画が，その後の関わり方で変化するかどうかを，小学校5, 6年の2年間，一定のクラスで S-HTP を継続的に実施しながら追跡調査する，という三つの研究を行ってきた。
　以下に，それぞれの研究をまとめる。

Part1. タイの小学生のS-HTP画との比較

1. 研究の概略

　第1章で，日本中のどこに行っても，かつて1981年の長野県で描かれていたような絵が見当たらなかったと述べた。では，国外でこのS-HTPを行ったならばどうなのだろうか。そのチャンスをうかがっていたところ，2008年に長崎ウエスレヤン大学の入江詩子先生らとの共同研究として，タイの北部・東北部でS-HTPを実施する機会を得た。この結果は，すでに論文としてまとめられている（入江ら，2009）。私はその研究にS-HTPの分析担当として参加したが，そこで得られた資料をこれまでの研究に関連づけて，新たに分析した。その結果を以下に紹介したい。

　調査の対象となったタイ北部および東北部は，長崎ウエスレヤン大学が開学以来，毎年地域支援のために関わってきた地域である。主たる産業は農業であり，貧困のために両親が都市部に出稼ぎに行き，そこで犯罪に巻き込まれたりHIVに感染したりするなどして，結果としてさまざまな問題を抱えた家族が数多く暮らしている地域である。特に北部ではHIV感染が拡大して以来，NGOと行政が協働で実施してきた社会開発により，地域ぐるみで子どもを支える活動も展開されてきた。その結果，家族や親族，近隣，学校以外に，HIV感染者の自助グループやNGO職員，また上記のような外国からの支援者グループなど，多彩な人間関係のなかで育っている子どもたちも多い。

　そのような環境は，子どもの心の成育にどのような影響を与え，日本の子どもたちのS-HTP画とどのような違いが見られるのか。それを検討するために，以下のような研究を行った。

2. 研究方法

1）実施方法
入江ら（2009）が行った調査の対象者は，以下のとおりであった。

パヤオ県 A行政区	A小学校	5年生	24名（男子13名，女子11名）	計50名
		6年生	26名（男子12名，女子14名）	
	B小学校	6年生	16名（男子11名，女子 5名）	計16名
コンケン県 C行政区	C小学校	5年生	9名（男子 3名，女子 6名）	計16名
		6年生	7名（男子 4名，女子 3名）	
コンケン県 D行政区	D小学校	6年生	30名（男子17名，女子13名）	計30名

私は結果の分析に関わっていて，現地での検査は入江先生らが分担して実施した。S-HTPの実施方法については事前に詳しく説明して，その検査条件はすべて守ったうえで実施していただいた。具体的には，集団で描画テストを実施したのちに，通訳付きで2時間半ほどかけて個別に描画後質問を行った。また，検査終了後には，検査実施者がそれぞれの担任の教師から個々の子どもたちの家庭状況や学校での様子を詳しく聞き取った。教師は，学校の近くに住んでいる人が多く，子どもたちの家庭状況を詳細に知っておられた，とのことだった。

また，翌年はタイの都市部との比較を行うために，バンコクの小学校で6年生計50名に対してS-HTPを実施し，その結果と前年のタイ北部，日本の1981年，1997～99年の6年生の4群で比較を行った。

2）分析方法
初年度のタイでの検査対象者は5・6年生が中心だったので，日本の小学生も5・6年生に絞り，タイの小学5・6年生と，1981年長野の小学5・6年生，1997～99年東京の小学5・6年生の3群について比較を行った。S-HTPの分析項目はこれまで小学生の分析に用いてきた項目を基本として，各分析項目の出現率を算出し，それぞれの群の有意差をカイ2乗検定によって算出

した。出現率についての結果は巻末資料Bに示し，表2-1に各群の間で有意差が見られた項目をまとめた。

表2-1 両群の間で有意差が認められた項目

1. 2008年タイ北部・東北部 対 1981年長野

2008年タイ北部・東北部に有意に多く見られた項目	
●遠近感（中）***	●雲***
●遠近感（大）***	●太陽***
●HTPが4分の1以下***	●魚**
●付加物あり**	●鳥***
●山***	●川**
●草花***	●田畑***
●木の中の動物***	●壁が3面***
●キャラクター*	●縦長の家***
●擬人化***	●正方形の家***
●それ以外の非現実的描写*	●窓なし***
●性別・男女**	●ドア・窓あり***
●判別不能**	●基線あり***
●正面向き***	●煙突*
●直立不動***	●全枝先直***
●仕事をしている***	●枝直交***
●足なし*	●枝描写あり***
●短すぎる腕***	●実のある木**
●壁の面数1面***	●樹冠内に葉のある木***
●不確実な2面***	●説明書き*
●平面的な2面***	●定規使用***
	（以上，40項目）

1981年長野に有意に多く見られた項目	
●直線（重なりなし）***	●ひざあり***
●遠近感（ややあり）***	●画面からはみ出している***
●乗り物**	●家が2面で立体的***
●人が家の中にいる***	●家が横長***
●中だけにいる**	●ドアなし***
●中と外にいる**	●家の基線なし***
●家へと歩いている**	●縁立ち***

●木に登っている* ●人が横向き*** ●人が後ろ向き*** ●人が斜め向き*** ●人が過大*** ●簡単な運動描写*** ●明らかな運動描写*** ●歩いている*** ●走っている** ●遊んでいる*** ●頭が4頭身より大***	●ひじあり*** ●屋根の模様*** ●ベランダ* ●二階建ての家*** ●ポスト*** ●表札** ●呼び鈴** ●枯れ木*** ●樹皮*** ●枝単線** ●根** （以上，36項目）

2. タイ北部・東北部2008年 対 1997～99年東京

2008年タイ北部・東北部に有意に多く見られた項目	
●明らかに統合的*** ●遠近感（中）*** ●遠近感（大）*** ●複数線の描線*** ●スケッチ風の描線*** ●HTPが4分の1以下*** ●山*** ●草花*** ●雲*** ●太陽*** ●鳥*** ●田畑*** ●池* ●木の中の動物*** ●擬人化** ●家を見ている** ●人物（異性）** ●人物（両性）** ●横向き***	●直立不動*** ●仕事している*** ●顔あり* ●短すぎる腕** ●不確実な2面の家*** ●平面的な2面の家*** ●壁が3面の家*** ●正方形の家*** ●ドア・窓あり* ●雨樋*** ●木のはみ出し*** ●全枝先直*** ●枝直交*** ●枝描写*** ●うず*** ●実のある木*** ●樹冠内に葉のある木*** ●定規使用*** （以上，37項目）

1997〜99年東京に有意に多く見られた項目
● 羅列的*** ● やや羅列的*** ● 媒介による統合*** ● 遠近感（ばらばら）*** ● 直線（重なりなし）*** ● 直線（重なりあり）*** ● 遠近感・ややあり*** ● とぎれのない1本線*** ● 虫* ● 乗り物** ● 現実と非現実の混合*** ● 全体が非現実的*** ● キャラクター・擬人化以外の非現実的な描写* ● 運動が判別不能*** ● シルエット** ● 人が記号化*** ● 顔の簡略化*** ● 頭が4頭身より大きい*** ● ひじあり* ● 壁が1面*** ● 壁が2面で立体的*** ● 縦長の家*** ● 横長の家*** ● 家の形が混合***	● 家の形が判別不能*** ● 人が家の中にいる** ● 中と外にいる** ● 家へ歩いている** ● 木に登っている* ● 人がはみ出している** ● 人物が同性** ● 人物が判別不能** ● 正面向き*** ● 後ろ向き*** ● 斜め向き*** ● 人の向きが混合*** ● 人の向きが判別不能*** ● 簡単な運動*** ● 明瞭な運動*** ● ドア・窓なし* ● ドアなし* ● 家の基線なし*** ● 縁立ち*** ● マンション* ● 二階建て*** ● ポスト** ● 呼び鈴* ● 樹皮** ● 根* (以上, 50項目)

(*：$p<.05$, **：$p<.01$, ***：$p<.005$)

　翌年のバンコクとの比較については，分析対象を6年生に絞って，バンコク，タイ北部・東北部，1981年長野，1997〜99年東京の4群について，各項目の出現率を示した（巻末資料C）。また，各群の間で有意差を示した項目をまとめた（表2-2）。

表 2-2 有意差が認められた項目

1. タイ北部・東北部 対 バンコク

タイ北部・東北部に多く見られた特徴	バンコクに見られた特徴
●統合性がややあり** ●明らかに統合的** ●山*** ●草花** ●田畑** ●地面（部分）* ●地面（全体）* ●家が正方形** ●家が横長** ●家の基線がある** ●屋根の模様* ●やしの木* ●全枝の先が直角* ●枝の描写** （以上，14項目）	●媒介による統合** ●人が明らかに過大* ●頭が4頭身より大** ●ひじあり** ●縦長の家** ●家の形が混合** ●家が縁立ち** ●表札* ●根* （以上，9項目）

2. 1981年長野 対 バンコク

1981年長野に多く見られた項目	バンコクに多く見られた項目
●遠近感（ややあり）** ●遠近感（大）** ●人が家の中にいる* ●家へと歩いている* ●人が後ろ向き* ●人が斜め向き* ●簡単な運動*** ●歩いている** ●家のはみ出し* ●家が横長*** ●ドアなし* ●家の基線なし*** ●家が縁立ち*** ●ベランダ* ●二階建て***	●遠近感（中）** ●草花** ●雲*** ●太陽*** ●鳥** ●川* ●田畑*** ●木の中の動物* ●擬人化** ●人が2人* ●人が正面向き* ●人が直立不動*** ●足なし* ●短すぎる腕* ●家が縦長***

●ポスト* ●枯れ木*** ●枝単線** 　　　　（以上，18項目）	●家が正方形*** ●ドア・窓あり* ●家の基線あり*** ●他住居外建築物* ●階段* ●枝直交** ●木にうず** ●実のある木** ●定規使用* 　　　　（以上，24項目）

3. 1997～99年東京 対 バンコク

1997～99年東京に多く見られた項目	バンコクに多く見られた項目
●やや羅列的**	●明らかに統合的**
●媒介による統合**	●遠近感中***
●直線（重なりなし）***	●スケッチ風の線***
●直線（重なりあり）***	●草花*
●遠近感ややあり***	●雲*
●とぎれのない1本線***	●太陽***
●現実と非現実が混合***	●鳥*
●全体が非現実的描写***	●踏み石***
●キャラクターの描写***	●木の中の動物**
●キャラクター・擬人化以外の非現実的描写*	●木を見ている*
●人が2人*	●人が3人以上*
●人がはみ出す*	●人が正面向き*
●人が斜め向き*	●人が横向き*
●人が明らかに過大**	●人が直立不動***
●明瞭な運動***	●壁が不確実な2面***
●歩いている**	●壁が2面で平面的***
●人の記号化***	●家が縦長*
●顔の簡略化***	●家が正方形*
●頭が4頭身より大***	●家の基線あり***
●首なし*	●枝直交***
●壁が1面***	●枝描写***
●家が横長*	●根*
●ドア・窓なし*	●木のうず***
●ドアなし*	●実のある木*
	●樹冠内に葉のある木*

●家の基線なし*** ●家が縁立ち*** ●煙突* ●説明書き** 　　　　　　（以上，28項目）	（以上，25項目）

(＊：$p<.05$,　＊＊：$p<.01$,　＊＊＊：$p<.001$)

3．まとめと考察

1）タイ北部・東北部との比較

　絵71～76は，次節の具体例で示した絵77～92以外の一般的と思われたタイの児童の絵である。

　まず，タイ北部・東北部と1981年長野の小学生の比較では，タイ北部・東北部のほうに多く見られた項目が40項目，1981年長野のほうに多く見られた項目が36項目，計76項目であった（表2-1, 1.）。それに対して，1997～99年東京との比較においては，タイ北部・東北部に多く見られたのが37項目，1997～99年東京に多く見られたのが50項目で，計87項目であるので，項目数としては大差がない（表2-1, 2.）。日本のどちらの群に比べても，タイの子どもたちはかなり異なる絵を描いていたということになる。

　日本の両群に対してタイのほうに有意に多く見られた描画特徴は，遠近感が「大」や「中」など，遠近感のある絵を描いていることである。その結果，当然「HTPが4分の1以下」も多くなっているが，それはやはり見晴らしのいい環境で育っていることが影響しているものと思われる。付加物の「山」「草花」「雲」「太陽」「鳥」「田畑」「木の中の動物」が有意に多いのも，そうした環境の違いを反映したものではないか。また，人についての「直立不動型」「短すぎる腕」などは描写力を反映するかもしれないが，性別は男女を描き，仕事をしているところを有意に多く描いているのは，農村部の特徴を表すものと思われる。木については，「全枝先直」「枝直交」「実のある木」などの幼い描写が見られる一方で，「枝描写」や「樹冠内に葉のある木」など，よりきめ細かな描写も見られた。「定規の使用」がどちらの群と比べても多く見られたのは，日頃の何らかの指導が影響した可能性もある。

第 2 章　問題に対する S-HTP を用いたアプローチ　　53

タイ北部・東北部の子どもの絵

絵 71

絵 72

絵 73

絵 74

絵 75

絵 76

一方，タイに比べて日本の両群に多く見られた特徴は，家と木と人を直線上に描いている絵や，遠近感が「ややあり」という平板な絵である。付加物に「乗り物」が多いのも日本ならではの特徴であろう。人の描き方は，「家の中にいる（特に家の中と外に描いている）」，そして「家へと歩いている」や「木に登っている」などが有意に多くなっていた。それらの特徴と関連して，人が「後ろ向き」であったり，「斜め向き」であったりして，「簡単な運動」や「明瞭な運動」をしている。また，「頭が4頭身より大きい」のでバランスは悪いが，「ひじあり」が多く，より細やかな描写をしている。家については，「ドアなし」「家の基線なし」「縁立ち」など，基本的なところが抜けている絵が多いが，「二階建て」「ポスト」「呼び鈴」がより有意に多く描かれているのは，日本の家屋の特徴を表すものであろう。「壁が2面で立体的」や「横長の家」も多い。木も，「樹皮」や「根」がより多く描かれているなど，両極化している日本の子どもたちの一方の特徴として，より細かな描写が見られた。

次にタイ北部・東北部と1981年長野の間でのみ有意差が認められた項目を見てみよう。まず，タイのほうに多く見られたのは，「付加物あり」の絵で，その内容は魚と川であった。これは山間部の長野県と，海に面してはいないものの，水田や川，池にたくさんの魚がいるタイ北部・東北部の違いを表しているかもしれない。また，人は「キャラクター」「擬人化」「それ以外の非現実的描写」「性別が判別不能」「正面向き」「足なし」などがより多く見られた。特に，非現実的描写は，日本の1981年と1997～99年の両群の間でも明確な有意差が認められていた項目で，その影響はすでにタイの村部にも及んでいるのであろう。家については，「壁の面数が1面」「不確実な2面」「縦長の家」が多く見られたのは，家の描き方が1981年長野に比べて，やや幼いといえる。また，「窓なし」の家が多い一方で，「ドア・窓あり」「家の基線あり」が多く，家の付加物として「煙突」がより多く描かれていた。「説明書き」が多かったのも，1997～99年東京群と共通の特徴である。

一方，1981年長野により多く見られた特徴は，人が「中だけにいる」「横向き」「人が過大」で，「歩いている」「走っている」「遊んでいる」「ひざあり」など，かなり細やかな描写をしている点である。家は，「画面からはみ出して

いる」「屋根の模様」「ベランダ」「表札」などが多く，これもより細やかな描写が多いという結果になった。木については「枯れ木」や「枝が単線」など，大人の絵でいうならエネルギーの低下を示す項目がより多く見られた。

　最後に，タイと1997〜99年東京の比較でのみ有意差が認められた項目を見てみよう。まず，タイのほうに多く見られたのは，「明らかに統合的」や「スケッチ風の描線」など成長につれて多くなる描画特徴，人は「家を見ている」「異性」「横向き」「顔あり」，付加物として「池」，家には「雨樋」，木には「うず」などがあった。

　一方，1997〜99年東京により多く見られたのは，「羅列的」「やや羅列的」「媒介による統合」などの統合性の低さや，「遠近感がばらばら」「途切れのない1本線」などの低学年の子どもたちに多く見られる特徴である。また，「現実と非現実的の混合」「全体が非現実的」「キャラクター」「擬人化以外の非現実的な描写」など全般的に非現実的な描写が有意に多く見られた。先に1981年長野に比べるとタイのほうがより非現実的な絵が多く見られたと述べたが，1997〜99年東京との比較では，東京のほうにより非現実的傾向が強いことが確認された。また，人が「はみ出している」「シルエット」「記号化」「顔の簡略化」などあいまいな表現が有意に多いことによって，「性別が判別不能」「人の向きが判別不能」「運動が判別不能」などがより多いという結果になった。家も同様に，「家の形が判別不能」や「ドア・窓なし」が多く見られ，「壁が一面」や「縦長の家」など，本来低学年に多く見られる特徴が，有意に多く見られた。

　以上，次の図2-1に示したように，特に主要な分析項目である「明らかに統合的」「遠近描写が大」「遠近描写が中」「スケッチ風の描線」「人が明らかに過大」「壁が2面」「木の枝描写」などは，タイ北部・東北部の方が1997〜99年東京だけでなく，1981年長野をも発達的に上回った数値を示している。また，「現実的描写」「人の記号化」は，1981年長野と同様に1997〜99年東京と比べて大きな有意差を示した。

　特に「統合性」に象徴されるような1981年長野に見られたような描画発達は，1998年長野ではもはや見られず，その他の日本全国においても見られなかったものが，タイ北部・東北部の村部ではまだ見られることが確認され

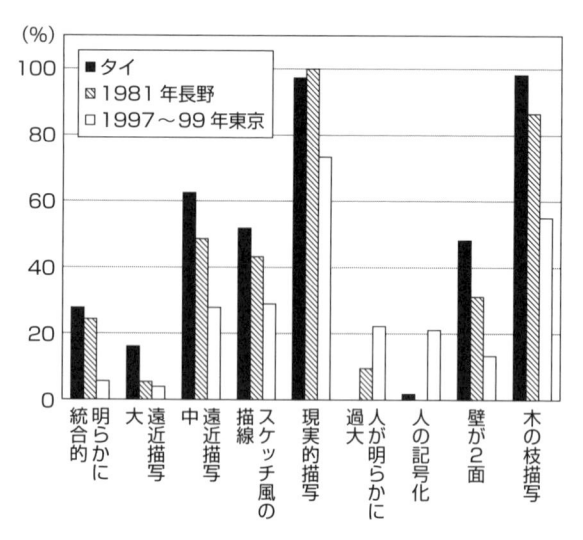

図2-1 重要な分析項目の比較

た。それは、極めて重要な結果であったといえる。それがどのような要因によるものかを確認するために、翌年タイの都市部バンコクにおいて行った結果も含めて、最後に考えることにしたい。

2) バンコクとの比較

まずお断りしておかなければならないのは、前年度の比較は、5年生と6年生を合わせた比較であったのに対して、次年度のバンコクを含めての比較は6年生だけを対象とした比較なので、当然有意差を示す項目数も有意水準も低下するはずである。それでもバンコクと1981年長野の比較は、バンコクに有意に多く見られた項目数が18項目、1981年長野に多く見られたのが24項目で、計42項目に有意差が認められた。

また、バンコクと1997～99年東京との間で見られた項目数は、バンコクに多く見られたのが25項目、1997～99年東京に多く見られたのが28項目で、計53項目となり、やはり1981年長野よりも1997～99年東京との間の有意差のほうが多くなっている。

一方、バンコクとタイ北部・東北部との比較では、バンコクに多く見られ

たのが9項目，タイ北部・東北部に多く見られたのが13項目，計22項目なので，やはりバンコクとタイ北部・東北部との差よりも，日本との差がどちらも大きいことが統計的に確認された。

　それでは具体的にどのような違いが見られたのだろうか。日本との違いを検討する前に，バンコクとタイ北部・東北部での違いを確認しておきたい。まず，一番重要な統合性についての有意差が，すでにバンコクとタイ北部・東北部との間で出ていた。「明らかに統合的」「統合性がややあり」がタイ北部・東北部に有意に多く，バンコクで「媒介による統合」や「人が明らかに過大」「頭が4頭身より過大」などが有意に多いという結果になっている。また，タイ北部・東北部には付加物の「山」「草花」「田畑」「地面（部分）」「地面（全体）」が有意に多く，バンコクには「表札」が多いという結果は明らかに環境の違いによるものであろう。その他にも，家はバンコクで「縦長」や「混合」が多いのに対して，タイ北部・東北部では「正方形」や「横長」が多い。また，バンコクは「縁立ち」が多いのに対して，タイ北部・東北部は「基線」がある家が多く，木についてはバンコクが「根」を，タイ北部・東北部は「枝」をより多く描いているというのは，日本の子どもたちとの違いにも通じている。

　次に，バンコクと日本の6年生の比較のうち，まずバンコクと1981年長野，1997〜99年東京の両者との間で有意差が見られた項目から確認してみよう（表2-2, 2. と3.）。まず，バンコクに多く見られたのは，遠近感が「中」，付加物の「草花」「雲」「太陽」「鳥」「木の中の動物」，人が「正面向き」「直立不動」，家が「縦長」「正方形」「基線あり」，木が「枝直交」「うず」「実のある木」と，いずれもほぼタイ北部・東北部とも有意差が認められた項目である。日本の両群に多く見られたのは，遠近感が「ややあり」，人が「斜め向き」「歩いている」，家が「ドアなし」「家の基線なし」「縁立ち」などであった。いずれも環境の違いと，描写力の違いを示すものと思われる。

　一方，バンコクと1981年長野の比較は，バンコクに多かったのは，「川」「田畑」の付加物，家に「階段」の付加物，「擬人化」「足なし」「短すぎる腕」などの幼い表現，そして「住居以外の建築物」や「定規の使用」などの特殊な表現である。他方，1981年長野に多かったのは，遠近感が「大」，人が「家

の中にいる」「家へと歩いている」「簡単な運動」，家は「はみ出している」「横長」「ベランダ」「二階建て」「ポスト」，木は「枯れ木」「枝単線」などが有意に多く見られた。全般的に，1981年長野のほうがタイ北部・東北群と比べたときと同様に，よりきめ細かな描写をしているといえる。

また，バンコクと1997～99年東京の比較では，バンコクに多く見られたのが「明らかに統合的」「スケッチ風の描線」，付加物の「踏み石」，人が「木を見ている」「3人以上」「横向き」，家は「不確実な2面」「壁が2面（平面的）」，木が「枝描写」「根」「樹冠内に葉のある木」など，今度はバンコクのほうがより細やかな描写をしている，という結果になった。それに対して，1997～99年東京のほうにより多く見られたのは，統合性が「やや羅列的」「媒介による統合」，遠近感が「直線（重なりなし）」「直線（重なりあり）」，描線が「とぎれのない1本線」，現実描写が「現実と非現実が混合」「全体が非現実的描写」「キャラクターの描写」「キャラクター・擬人化以外の非現実的描写」，人が「はみ出し」「明らかに過大」「記号化」「簡略化」「頭が4頭身より大」「首なし」，家が「壁が1面」「ドア・窓なし」，そして「説明書き」などで，これらはほぼ，1981年長野との間で有意差を示していた項目と同じであった。

以上を総合すると，たとえば統合性の「明らかに統合的」の出現率が，タイ北部・東北部38.0％，バンコク26.0％，1981年長野28.2％，1997～99年東京6.9％に象徴されるように，タイ北部・東北部とバンコクを比べると明らかな低下が見られるが，それはまだ1981年長野とはそれほど変わりがない。遠近描写に関しても，「大」と「中」を合わせた出現率は，タイ北部・東北部77.2％，バンコク76.0％，1981年長野46.2％，1997～99年東京33.7％と，タイの北部・東北部と同様にバンコクも日本の両群を上回っている。また，心の繊細さ・柔軟性・成熟度などと関連する「スケッチ風の描線」も，タイ北部・東北部68.4％，バンコク74.0％，1981年長野64.1％，1997～99年東京26.7％と，前者の3群はそれほど変わらない数値を示した。現実的描写についても，タイ北部・東北部97.5％，バンコク100％，1981年長野100％，1997～99年東京62.4％と，前者3群はほぼ現実的な描写を行っていた。さらに人物の「記号化」も，タイ北部・東北部1.3％，バンコク0％，1981年

長野 0％ に対して，1997〜99 年東京は 23.8％ と，まだ第 4 群だけに見られる特徴であることが確認された。ただし，一部「キャラクター」や「擬人化」「それ以外の非現実的描写」などはタイにも見られ始めている。

　以上，日本においては 1981 年長野において描かれていたような S-HTP 画は，日本のどこにおいても見られなくなっていたが，タイでは北部や東北部の農村部に限らず，バンコクという都市部においても，まだ同様な絵が描かれていることが確認された。

4．タイ北部・東北部で見られた具体例

1）家庭状況に問題のある子どもたちの絵

　前述したように，初年度に対象となったタイの北部・東北部の村は，貧困なるがゆえに両親がチェンマイやバンコクに出稼ぎに出ていて，その結果，エイズや麻薬などの問題に巻き込まれて，もはや家庭崩壊状態にある家がほぼ 3 割を占めている地域である。

　たとえば，A 小学校での受検者，5 年生 24 名，6 年生 26 名，計 50 名の児童のうち，家庭状況に問題があると思われるケースは全部で 14 あり，全体の 28％ を占めた。そのうち両親が離婚はしていないものの母親の行動に問題があると思われるケースが 2，両親ともに出稼ぎ 1，残り 11 ケースはひとり親家庭で，死別 3，離別 8 となっていた。それら問題のケース 14 のうち，現在一緒に暮らしている家族は，両親 1，父 4，母 3，祖母 4，祖父 1，曽祖母 1 であった。

　また，C 小学校での 4 年生 12 名を含めた受検者 28 名のうち，家庭に問題があると思われるケースは 8 ケースで，全体の 29％ であった。内訳は，離婚 5，父親死亡 2，父親失踪 1 となっており，そのうち両親ともに再婚しているケースは 2，母親が再婚したケースは 5 であり，そのうち現在親と新しい配偶者と一緒に暮らしているのは 2 ケースだけだった。再婚率が高く，その際子どもを置いて新しい配偶者と暮らすという選択が多いのは，日本とはかなり異なっている。この 8 ケースのなかで現在一緒に暮らしている家族は，母親 3，祖父母 1，祖父 1，祖母 1，姉 1，ひとり暮らし 1 であった。ひとり暮

らしをしているのは6年生の女子で，近隣の人々がそれとなく彼女の暮らしを支えているとのことだった。

D小学校では受検者30名のうち，家庭状況に問題があると思われたのは8ケースであった。このうち両親が揃っているものの，別居してほとんど家に帰らないというケースが1，常に両親のどちらかが出稼ぎに行くというケース1，父親が海外に出稼ぎに行っていて母親が癌を患っているというケースが1，母親の行動に問題があるケースが1で，離婚家庭は4ケースであった。このうち1ケースは母親が再婚して，子どもも新しい配偶者とともに暮らしている。現在一緒に暮らしている家族は，両親2，母親1，両親のどちらか1，祖父母2，祖父1，祖母の妹1である。

以上のように何らかの問題がある家庭が約3割を占めるような環境のなかで，子どもたちが実際にどのような絵を描いていたか，以下にその具体例を見てみよう。

なお，かなり多くの描画が，日本で一部使われている枠づけ法のように画面の中に枠を描いた中に絵を描いているが，これは当時この学校ではやっていた描き方のようである。

絵77

絵77　6年生女子

父親はバンコクで働いていて，母親はエイズで死亡。本人も母子感染し，毎週一度診察を受けながら，服薬している。現在は祖母と一緒に暮らしている。祖母は孫のHIV感染については，本人に話していないので知らないと思っているが，本人も周りの子もすでにそのことは知っている。物静かな子どもで，踊りが好きだが，陽気な性格ではない。勉強は普通。

第2章 問題に対するS-HTPを用いたアプローチ　61

絵78

絵78　6年生男子
　父親は麻薬関係で殺害されたようである。母親は再婚しているが，家で一緒には暮らしていない。母親は酒好きで，あちらこちらと渡り歩き，あまり子どものところには戻ってこない。酒飲みの祖父と一緒にいる。本人は，あまり言うことを聞かない子どもだが，機転は利くほうである。ゲームが好きで，スポーツ選手になりたいと言っている。

絵79

絵79　6年生男子
　両親は離婚し，父親と祖母と三人で暮らしている。あまりしゃべる子ではない。とても面倒くさがり屋だが，友達はいる。父親は酒好きだが暴力をふるったりすることはない。経済的にかなり貧しく，ほかの人の土地を借りて農業をしている。

絵80

絵80　5年生女子
　両親は離婚していて，今は父方の祖母と住んでいる。父親は以前窃盗で捕まり服役していたが，現在は出稼ぎに行っており，あまり家にいない。母親は妹を連れて東北タイに行ってしまった。家の手伝いをよくする子どもで，問題のある子ではない。

絵81　5年生女子
　父親は死亡。感染者グループのリーダーによれば，母親は，HIV に感染しており，最近感染者グループに入ったが，病院から退院してきたばかりで体調がすぐれない。近所が密集している地域に住んでいる。学校の成績はあまり良くない。

絵81

絵82　6年生女子
　父親，祖母の三人暮らしで，他にきょうだいはいない。本人が幼い頃に両親は離婚しており，祖母が母親の役割を担ってきた。勉強には関心があり，よくできる。しかし，あまりしゃべらず，祖母は本人を外に出さず，ほかの子と遊ばせないようにしている。

絵82

絵83　6年生女子
　両親は離婚している。小さな家に祖母と叔父とで暮らしている。父親は再婚し，同じ村の離れた場所で新しい母親と幼い娘と暮らしている。父親は毎朝，その娘を祖母の家に預けに来る。内気で家にいることが多い。

絵83

第 2 章 問題に対する S-HTP を用いたアプローチ

絵 84

絵 84　6 年生女子
　2006 年に父親を病気で亡くし，小作農の母親，兄と一緒に暮らしている。兄は母親の前夫の子どもであり，本人の父親とは異なる。

絵 85

絵 85　6 年生女子
　両親は離婚後，父親は再婚し別世帯を持っている。さらに，母親も再婚して夫と二人暮らしをしているため，現在は家族 4 人で暮らしていた家に一人で住んでいる。14 歳の兄がいるが，お寺で生活している。父親が数カ月に一度程度様子を見にくるくらいで，友人宅に世話になったりすることが多い。家族よりも近隣住民が面倒を見ているといっても過言ではない。先生方も気にかけているが，特に心配・問題はないとのこと。

絵 86

絵 86　5 年生男子
　両親は離婚し，父親は出稼ぎに行っており，母親は再婚して別のところで暮らしている。本人は，20 歳の姉夫婦とその 2 歳の子どもと暮らしている。

2）描画上問題があると思われた子どもの絵

今回まったく家庭環境などの情報を得ないまま大まかに見た段階で，問題がある絵として指摘したのは次の6枚であり，彼らの家庭状況は以下のとおりであった。

絵87　5年生女子

両親，祖母と暮らしている。父親は村落委員を務めており，村の堆肥グループ，貯蓄グループにも所属している。本人は頑張って勉強しているようだが，成績は良くない。経済的にも恵まれておらず，家が壊れそうになって建て直したが，小さな家である。

絵87

絵88　6年生男子

両親，妹と暮らしている。母親は金貸しのようなこともしている。祖父は県議で，村の顔役である。勉強はできない。自分に自信がなく，いつも誰かを頼りにしている。

絵88

絵89　5年生男子

両親，姉，弟と暮らしている。母親は村の貯蓄グループ，村落基金グループに入っている。本人はやんちゃで言うことを聞かない。マンガチックなものが好きで，他人からの注意を引いていたいタイプ。クラスの級長になりたがっているが，やんちゃなところが災いしてなれていない。家には車があり，商売をしている。暮らしむきは普通。

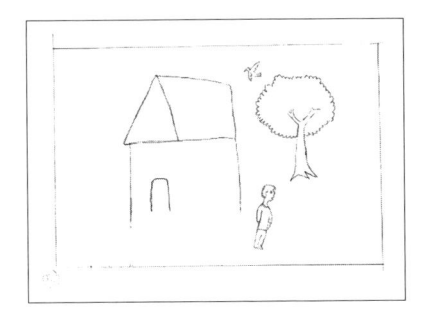

絵89

絵90　4年生男子

両親揃っており，双子の弟は勉学・運動ともに優秀で，友人も多い。本児は何をしても弟に劣っており，劣等感があるのではないかと思われる。調査者が気になる子だったのでしばらく様子を見ていたが，非常におとなしく物静かな印象を受けた。弟と会話している姿を見なかった。友人関係は普通というが，友人とわいわい騒いでいる姿も見なかった。

絵90

絵91　6年生女子

両親揃っており，父親は建設作業員，母親は工場で働いている。非常に頑固でわがまま，自分勝手で思いやりがない。自ら進んで何かをするということはなく，先生も手を焼いている。

絵91

絵92　6年生男子
　両親はいるが別居していて、ほとんど帰ってくることがない。祖父・姉と一緒に暮らしているが、非常に貧しい。気性が激しく攻撃的で、先生の言うこともまったく聞かない。勉強もできない。以前ナイフを学校に持ってきたことがあり、キレる恐れのある子だと先生方は心配していた。本人の兄も学校にナイフを持ってきて、騒動になったことがあるという。

絵92

3) まとめ

　以上の絵87〜92の6枚は、各被検者の家庭状況をまだ聞いていない段階で、問題のある絵を拾い出してほしいと言われて指摘したものだが、最後の1例を除けば、あとの5例はいずれも両親が揃っており、経済的にも比較的恵まれた家庭で育っていた。それとは逆に、最初に示した絵77〜86を描いた10名の子どもたちは、いずれも厳しい家庭環境で育っていたが、私が最初に問題のある絵として指摘した群の中には入っていなかった。もちろん、これらの絵をより詳細に見ていった場合はいろいろと読み取るべきことは出てくるものと思うが、全体的に見た限りでは、特に問題のある絵とは思われなかった。

　先の統計的比較においても確認したことだが、今回の調査対象となったタイの子どもたちの絵は、かつての1981年長野の絵と同様に全体的に豊かでまとまりもよく安定した絵が多かったといえる。そのなかには、6年生ですでに一人暮らしを強いられている女児さえいて、日本では考えられないような過酷な家庭環境に置かれているにもかかわらず、それぞれの心の生育は順調に進んでいるように思われた。それはなぜなのだろうか。

　そもそもこのタイでの調査目的は、長崎ウエスレヤン大学の先生方がこの間に取り組んできたタイ北部と東北部における地域支援の成果を、この描画テストを通して見てみることにあった。とりわけ北部では、2001年からNGO

であるラックスタイ財団が，エイズ遺児支援のために「コドモファンド」を設け，それに自助グループや各種ボランティア団体が協力して，子どもたちが主体的に参加できるような活動を提供してきた。たとえば刺繡やTシャツ作りなどスキル獲得のための活動，それら子どもが作った物の商品開発，ワークショップ手法を用いた子ども自身による社会調査とその成果発表の会，異文化の体験学習，交流を目的とした合宿など，子どもたちが自ら参加できるような活動を次々と提供していった。それによって子どもたちは知識やスキルを身につけ，自己表現できるようになり，自信をもつことができるようになっていった，とのことである。そして，それらの活動にはHIVの影響を受けている子どもたちだけでなく，地域の他の子どもたちも参加するようになっているということだ。

　元々この地域は，仏教による宗教的規範を基盤とした農村部の伝統的なコミュニティがあったうえに，上記のようなNGOなどの支援によって新たな相互扶助的なコミュニティも育っていった。そうしたなかで，子どもたちはかなり過酷な家庭環境にあっても，それらのコミュニティにゆるやかに守られながら育っているともいえる。だからこそ，両親も気軽に子どもたちを置いて出て行っている，ということもあるのではないか。今回の調査は，過酷な家庭環境とそれを補っているコミュニティの支援が，子どもたちの心の育成にどのように影響しているのかを確かめるためのものでもあった。その結果は，予想通りに家庭環境以上にコミュニティの影響が大きい，ということを証明していた。日本においても「親はなくても子は育つ」という格言があるが，アフリカの諺にも「子ども一人育つには，村中の人が必要」というものがあるそうだ。先の脳科学分野での研究においても少しずつ証明され始めていたように，子どもの前頭前野が育つためには，多様な人間関係の中で育つことが必要である。日本におけるさまざまな問題は，これまで一般的にいわれてきたように家庭の崩壊よりも，実はそれを支える地域の崩壊の方が大きいのだ。それをこのタイでの調査は実に見事に証明する結果となった，といえるのではないだろうか。

Part2. 保育園での試み —— 子どもの問題を保護者に伝える

1. 調査の概略

　ある遠方に所在する保育園から，年長児に S-HTP を実施してみたいので，ぜひそれに協力してほしいとの依頼を受けた。その園では，それまで園児の体を鍛えるためのさまざまな試みを行ってきたが，心を鍛えるための対策は何もしてこなかった。しかし，拙著『殺意を描く子どもたち』(三沢，1998)を読んだときに大きなショックを受けて，思春期になって起こるさまざまな問題を保育園の段階で予防するために，何か自分たちにできることはないだろうかと考えた。そこで，まずは自分の園でも S-HTP を実施してみたいと思ったが，についてはそれに協力してもらえないだろうか，という依頼だったのだ。

　ご相談いただいた主任保育士の Y 先生はとても熱心な方で，私の本ばかりか論文もすべて読み，「なかなか面白かった」というご感想だった。その園はかなり遠方にあったため，何回も通って直接 S-HTP を実施するのはかなり難しい状況だった。そこで，間接的に関わりながら，臨床心理士以外の検査者にこの S-HTP を実施してもらうことが，どれほど可能かを実験してみたいという興味が生じた。1997〜99 年の小学校での調査は，すべて私自身が小学校に出向いて実施したが，それにはかなり限界もあったからだ。本来，臨床心理士など専門家に依頼して実施してもらうべきだが，そのような人が周囲で見つからない場合は，専門家以外が実施してもそれなりに有効な結果が得られるのかどうかを試してみたいと思った。

　そこで，実施方法などについて具体的に検討した結果，検査状況の設定や方法はすべてこちらの指示どおりにし，検査後はできるだけ速やかに結果を持参していただく。その際，各園児の家庭状況なども具体的にお聞きしなが

ら，一緒に解釈する。そして，問題のあったケースについては，保護者にこちらの指示どおりの言葉でフィードバックしていただき，必要に応じて生活上の変化などについても詳しく聞いていただく。以上のような条件を守っていただくということで，年長児クラスにおいて3カ月おきに計3回の検査を実施することになった。対象者を年長児に絞ったのは，先述したように，この描画テストが実施できる年齢が年長児になってから，ということがあるからだ。

　実際の検査方法は，午前中の2時間を使い，日常の保育室とは異なった部屋で行った。検査者は担任の先生ではなく，相談にみえた主任保育士Y先生にすべて実施してもらった。また，親へのフィードバックも，Y先生に直接行ってもらうことにした。以上のような方法でこの描画テストを実施し，それぞれの変化を見たなかで，特に大きな変化を示したケースについて，以下にまとめてみよう。

2. 幼児の心に影響する環境の変化

1) 父親の単身赴任 ── カミナリだらけの家

　最初のAちゃん(以下すべて仮名)の絵A-1は，ご覧のように特に問題のない，年長児らしい絵だった。実がたくさんなった木や幼児特有の縦長の大きな家が描かれ，自分自身も花の描かれたワンピースを着ていて楽しそうである。

　ところが，その3カ月後に描かれた絵A-2の家は一変して，壁中にギザギザな線が描き込まれていた。しかも，本人の説明では「壁中がカミナリだらけの家」ということだった。私はこれまでたくさんの幼児の絵を見てきたが，このような絵を見たのは初めてだった。そのため，きっと何か特別な理由があるにちがいない，と直観的に思った。子どもは，必ずしも意識的にそのような絵を描くわけではないが，多くの場合は無意識からのメッセージとして，それなりに納得のいく理由が潜んでいることが多い。そこで母親に，この3カ月間で何らかの環境的な変化がなかったかどうかをY先生に確かめてもらうことにした。

70

絵 A-1

絵 A-2

絵 A-3

案の定，この絵を見た母親は大変ショックを受けられて，「最近，私は確かにカミナリのようにこの子を叱っていました」とのことだった。一枚目の絵を描いた時期は，まだ父親が家にいて，子育てにもかなり協力的だったが，その後単身赴任となり，母親が孤軍奮闘せざるを得ない状況になっていた。元来この母親は完璧主義的傾向が強かったが，父親がいたときはそれなりに思いどおりの家事・育児ができていた。しかし，一人でこの長女と弟の二人を抱えてすべてをこなさなければならなくなってから，思いどおりにいかなくなり，つい長女のAちゃんにヒステリックに当たることが多くなっていた，ということだった。さすがにこの絵を見て反省した母親は，「これからは気をつけます」と言って帰られたそうだ。

　その3カ月後のAちゃんの絵は，どのように変わっただろうか。次の絵A-3の家の壁には，もうカミナリは描かれていない。家は小さく少し遠のいているが，本人の気持ちはもう小学校のほうに行っているようだ。ランドセルを背負っているAちゃんに，擬人化された動物が「学校行くの？」と聞いていて，「うん」と返事をしている場面が描かれている。この絵を見る限りは，一応，母親が厳しく叱る状態は収まったものと思われた。

　それにしても，父親の単身赴任という状況が，これだけ母親の精神状態を追い詰め，その結果が子どもの心にも影響するということが，この3枚の絵を見るとつくづく実感された。この時期，働き盛りの父親が単身赴任を余儀なくされるということは少なからずあるだろうが，子育て期の親は単身赴任を免除される，という世の中にぜひなってほしいと改めて思った。

2）両親の離婚 ── どしゃぶりの絵

　次のBちゃんの一番目の絵B-1は，小学生の絵と言ってもおかしくないほど，全体的バランスやまとまりもよく，また課題以外のものもかなりきめ細かに描き込まれている。人が家の中に描かれているのは，やや内向的傾向があるかもしれないが，それでも楽しそうにピアノを弾いている。この段階では特に問題があるわけではなく，むしろ早熟で能力の高い子と思われた。

　ところが，次の絵B-2を見ると，まずは過度に筆圧が強くなっている点が目立つ。筆圧の強弱は，描画を判読するうえで極めて重要な手がかりとなる

72

絵 B-1

絵 B-2

絵 B-3

ため，検査においては必ず同じ濃度の鉛筆（HB）を使用することになっている。それゆえ，この2枚を比べると，今回は明らかに筆圧が強くなっていることがわかる。

　本来，筆圧の強い絵は緊張感の高さを示していて，さらに緊張感が高まっているというのは，何らかのストレスフルな状況に置かれている，ということが推測される。そこで，Bちゃんの母親に，この3カ月間に何らかの家庭的な問題があったかどうかをたずねてもらった。その結果，何が原因かは不明だったが，夫婦関係が急速に悪化しており，母親は別居するための家を探していることがわかった。一般的に親は子どもの前での言い争いは極力避けるが，その緊張感は微妙に伝わってしまっているのだ。

　はたして次の絵はどうなっているのかと案じていたところ，3カ月後に描かれたのがこの絵B-3である。これを見た途端，事態がさらに悪化し，おそらくは離婚に至ったことが容易に推察された。このようなどしゃぶりの場面を描く場合は，子どもにとって過酷な状況に置かれていることが多いからである。実際に，この両親はすでに離婚していた。右側の車は，出て行く父親を描いたものなのではないだろうか。窓に張り付いている子どもの目が，白目かあるいは伏目になっているのは，普通はあまり見られない表現である。これは，「現実を見ないようにしている」と解釈される描画特徴でもある。

　この母親には，離婚は夫婦の問題なのでやむを得ない決断かもしれないが，この絵を見る限りお子さんは過酷な状況にいると感じているようなので，できるだけフォローしてあげてほしい，と伝えてもらった。

　保育園では年々離婚家庭の比率が高まっているようだが，両親の離婚という事態が子どもの心にどのような影響を及ぼしているかを，この絵はよく表しているように思われた。子どもは何も言わないので，まだ幼いからわからないのだろうと，大人は子どもの心を軽視しがちだが，このような絵を見ていると，実は子どもはいろいろなことをいかに敏感に感じ取っているかがよくわかる。

3）虐待の疑い――キツツキによってボロボロになった木

　Cちゃんの一番目の絵C-1は，これを見た途端に何らかの虐待まで疑った

絵 C-1

絵 C-2

絵 C-3

絵である。というのは、〈木〉は一般的に無意識的な自己像を表すといわれているが、その木が6羽のキツツキに突かれて、ボロボロになりかけているからだ。そこから推測すると、この子は何らかの深く傷つくような体験をしているのではないか、と思った。そこで、そうした事実があるかどうかを、直接母親に確かめてもらうことにした。

この家庭はすでに離婚して母子家庭になっていたが、そこに新たな男性が出入りするようになっていたようだ。この絵とともに解釈を伝えられた母親は、「確かに傷つくような体験をさせてしまっていたかもしれません。これからは気をつけるようにします」と涙ながらに語った、とのことだった。

次の絵C-2は、明らかに母親の努力の結果が表れたものである。左側の大きなりんごの木には、キツツキの姿はいっさい見られなくなった。そして、右側のCちゃんは、鳥をしっかりと紐につないで掲げており、やっと事態をコントロールできるようになったことを、象徴的に表しているようにも思われた。

しかし、いつも子どもの絵に感心するのは、キツツキ自体はいなくなったにもかかわらず、その止まり木がまだ一本残されていることである。これは、今は何とか無事キツツキはいなくなったが、またいつ舞い戻ってくるかもしれない、という不安を無意識的に伝えているようでもある。そこで母親には、努力のおかげでCちゃんの状態が大きく好転したことをしっかりと伝えていただくよう、先生にお願いした。

ところが、先生の話では、さぞかし母親が喜んでくれるだろうと思って伝えたのに、"心ここにあらず"という感じでしっかり聞いてもらえなかった。ひょっとしたら、また男性関係が戻ってしまったのかもしれない、ということだった。

次の3枚目の絵C-3は、その心配を裏付けるような結果で、左の木には大きなキツツキが戻ってきて、さらに大きな穴を開けている。しかし、残念ながら、もはやこの母親は聞く耳を持たず、「こんな絵で何がわかるんですか。占いと同じようなものじゃないですか」と言ったそうだ。

この母親の場合は、いったんは問題に向き合ってくれたが、残念ながら結局は心を閉ざしてしまったようである。そうなると、現時点ではこの母親を

変えることはもはや難しいが，どこかの時点で子どもの問題が生じることが，この絵からは十分予測される。思春期になった頃にでも子どもに何らかの問題が生じて，母親がその問題に向き合わざるを得なくなる可能性は高い。そう予測されながらも，予防的な関与ができないケースが，残念ながら実はたくさんあるのだ。

4) 塾・習い事の忙しい生活――雲の上で昼寝をしている自分

　次のD君の絵D-1は，まずすべてのものが小さく描かれており，エネルギー水準がかなり低下していることが推測された。また，描画後質問では「雲の上で昼寝している」ということで，手が滑って卵が落ちているところを一つずつ数えながら描いていた，ということだった。そこには，やや強迫的な傾向も見られる。

　企業の病院で，疲れたサラリーマンが昼寝の場面を描くことはときにあるが，保育園児が昼寝をしている姿を描くのはまずはあり得ないことで，友達と一緒に遊んでいる場面を描くのが一般的だ。そのため，何か疲れるような事情があるかどうかを聞いてもらったところ，D君はほぼ毎日退園後も塾や習い事などに通っていて，かなり忙しい毎日を送っているとのことだった。そこで，「D君はお疲れのようなので，塾通いなどはほどほどにしてあげてください」と母親に伝えてもらうことにした。

　次の2枚目の絵D-2は，おそらく母親がそのアドバイスに従ってくれたものと思われる変化を示していた。一枚目に比べて描線が濃くなり，描画サイズも紙面全体に広がって，全体的にエネルギー水準の高い絵になっている。しかし，年長児が一般的に描くものとはまだかなり異なっており，全体的にゲーム盤のような絵になっている。しかも，描画後質問では「ゴールにいるのが自分だ」と説明したそうで，その当時，勝ち負けに非常にこだわっていたD君らしい表現と思われた。

　ところが，最後の絵D-3は，普通の幼児らしい絵になった。右上にアンパンマンやバイキンマン，左上にはハートの中に父親と母親，その隣に赤ちゃんが描かれている。外で遊んでいるD君の姿も，けっこう楽しそうである。なぜ，このような絵に変わったのかを母親に聞いてもらったところ，予想ど

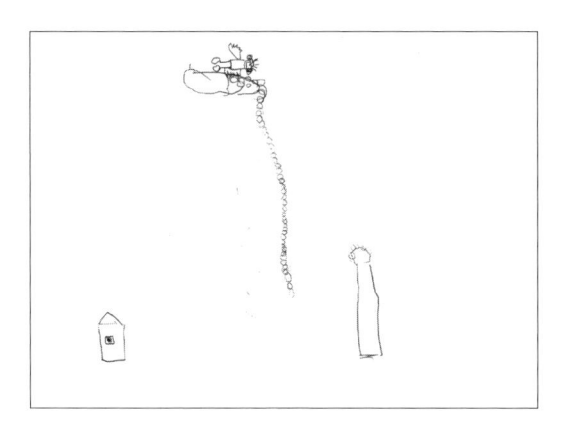

第 2 章　問題に対する S-HTP を用いたアプローチ

絵 D-1

絵 D-2

絵 D-3

おりに赤ちゃんが生まれた，とのことだった。そのため，D君の習い事に母親が付き添うことができなくなり，D君はすべての習い事から開放された。

　その結果が，このような子どもらしい絵になったのではないだろうか。担任の先生の話によると，実際の生活においても勝ち負けへのこだわりが無くなって，ほかの障害児の面倒をよく見るようになり，とても優しくなったとのことだった。親は本人のためにと思って早期教育や習い事をさせているが，実は子どもにとってはいかにそれが負担になっているかが，この3枚の絵の変化を見ると改めてよくわかるような気がした。

5）赤ちゃんの誕生 —— 母親と一緒

　Eちゃんの最初の絵E-1は，特に問題のない普通の年長児らしい絵だった。自分と仲良しのお友達を描いたということで，この時点では腕と手が年齢に相応して分化して描かれている点に注目していただきたい。

　ところが3カ月後に描かれた絵E-2は，友達ではなく母親と一緒の場面が描かれ，描画後説明も「ママと私がかけっこしているところ」ということだった。しかも，二人とも肩から手が直接出ていて，明らかな退行を示している。また，樹冠の描き方はかなりうっぷんがたまっている印象だし，太陽が黒く塗られている点も気になった。神戸の震災後に多くの子どもが黒い太陽を描いたということだが，やはり黒い太陽が描かれた場合は前出の絵52と同様に注意を要する。

　以上のさまざまな特徴から推測すると，Eちゃんの家には赤ちゃんが生まれて，何らかの欲求不満状態に置かれているのではないか。それゆえ，うっぷんがたまって，退行現象を起こしているのではないか，と思われた。そこで，母親にその点を確認してもらったところ，実際に赤ちゃんが生まれていて母親はその世話に追われ，Eちゃんにはあまり手が回っていないことがわかった。そこでしばらくの間，保育園から帰宅した後20～30分間でもいいので，できるだけEちゃんに関わっていただくように，母親にお願いしてもらった。

　その結果は，絵E-3に見事に表れていた。描画後質問によれば，ここに描かれている子は，自分ではなく家に遊びに来る友達で，自分は二人の友達と

第 2 章　問題に対する S-HTP を用いたアプローチ　　79

絵 E-1

絵 E-2

絵 E-3

家の中で積み木をして遊んでいる。その隣ではお母さんがおやつのクッキーを焼いている，との説明だった。

　この説明も，見事に子どもの心情を伝えている。母親は「クッキーを焼いている」ということで，また元の優しい母親に戻ってくれたようだ。しかし，だからと言って安心して外に遊びに出かければ，また母親と赤ちゃんの絆が強くなって，自分の入る余地が無くなってしまう。だから，友達とは家の中で遊んでいることにしよう。そんな気持ちが，この描画後説明のなかに表れているのではないか。この後，もうしばらく経ってから描いたならば，ごく自然に外で遊んでいる姿を描いたかもしれない。

　以上の3枚の絵は，下にきょうだいが生まれたときの上の子の心情をよく表しているように思った。また子どもの絵の場合は，そのような心理的変化を表すとともに，発達的変化もよく表れる。このEちゃんの絵では，家が縦型から横型に変わっているのは，明らかに発達的変化を示すものと思われた。また，2枚目では手の描き方が退行して，肩から直接手が出ているような描き方になっていたのが，3枚目では元のように腕と手が明確に分化した描き方に戻った。そのように，子どもの絵を判読する場合は，心理的変化とともに発達的変化も表れるので，その両者をどう読み分けるかが，大人の絵と違って難しい点でもあろう。

6）緘黙児の場合 —— 黒塗りした自己像

　最後は，緘黙児Fちゃんの絵である。Fちゃんは家ではしゃべるが，園に来るとまったく話さなくなるために，発達のレベルや心理状態がどのようになっているかが，わからなかった。しかし，最初の絵F-1を見ると，平均的な年長児の絵とあまり変わりがないことがわかった。そこで，それまでのように先生がマン・ツー・マンで対応するのはいったん止めて，しばらく普通学級で様子を見ることになった。

　その3カ月後に描かれたのが絵F-2である。全体の描画構成は前回と同様に年長児の水準ではあるが，人間や木が黒く塗られているのが気になった。意識的自己像である人間像だけでなく，無意識的自己像であるといわれる木までもが黒く塗りつぶされているのは，自己否定的傾向がかなり強まっ

第 2 章　問題に対する S-HTP を用いたアプローチ　　81

絵 F-1

絵 F-2

絵 F-3

絵 F-4

ているのではないか，と思われたからである。
　それが決定的になったのは，3枚目の絵 F-3 である。これを見た先生は，さすがに事の重大さを感じて，すぐに元のようなマン・ツー・マン対応もするようにした，とのことだった。この園児に関しては，特別にその2週間後の卒園直前にも描いてもらったそうだが（絵 F-4），黒塗りはかなり消失していることがわかる。もう少し期間があったならば，この黒塗りはすっかり消えていたかもしれない。

　以上，わかりやすい変化を示した6例を通して，S-HTP 画に子どもの心がどのように投影され，それに対して周囲の人々が適切に対応することによって，どれだけ速やかに変わっていくかをご覧いただいた。
　この S-HTP を子どもたちに実施していると，子どもは親の離婚や単身赴任，下の子の誕生，塾通いなど，さまざまな環境の変化によって，いかに多大な影響を受けているかを痛感する。この描画テストは，ロールシャッハ・テストなどとは異なり，難しい説明をしなくても多少の説明を加えれば素人でもわかりやすい，という特長がある。おそらく，同じ問題を言葉で伝えるだけならば，単なるこちらの主観的な意見として聞き流される可能性があるが，実際にわが子が描いた絵を目の当たりにすると，その問題を認めざるを得ないことも多いようだ。それによって，親が子どもの心情をよく理解して育児態度を改めた場合は，子どもの絵は速やかに変わる。それが8歳までが

限界なのかどうかは次節で考えるとして，確かに子どもが小さければ小さいほど問題解決も速やかであることを，日頃の臨床活動においても実感している。

幼稚園や保育園の段階では，子どもはまだ自分の感情を言葉で表すことができないし，それ以前に自分の気持ちがどのようになっているのかを十分に意識化することができない。そのような発達段階にある幼児に対して，このような描画テストは，子どもの微妙な心の変化をとらえることができる可能性が高いことを再認識する結果であった。

3. 先生の感想

この調査をともに実施していただいたY先生から，最後にいただいた感想文を，以下にご紹介しよう。

● この作業を始めて感じたこと
- 普段手がかからない，いい子であるにもかかわらず，ストレスを持っている場合が多く見られたことはショックだった。と同時に，まんべんなく目をかけていかなければならないことを，担任と再確認できたことはよかった。
- フィードバックは，思ったより時間やエネルギーがかかることがわかった。だが，一人ひとりの保護者と向き合える時間がとれたことは，大変貴重な時間だった。
- 子ども一人ひとりをこんなに真剣に考えたことがあっただろうか。
- 3カ月でこんなに子どもが変われるとは，想像もしなかったことである。
- 子どもが出しているサインをしっかりと受け止めることの大切さを痛感している。

　　このことによって，あと数年後の青少年期になったときの心の荒れを，少しでも食い止めることができるとしたら，こんなにやりがいのあることはないように思える。

以上のように，必ずしも専門家でなくても，しっかりとスーパーバイズしながら検査を実施したならば，それなりに有効な結果が得られるのではないかと思っていた。しかし，残念ながら実はこの調査には重要な後日談があった。

　この調査は，一年だけでなく翌年も行うことになっていたが，二年度目の結果は初年度に比べて絵の描き方が全体的におざなりになり，変化がとらえにくいものになっていた。2回目の実施までは，年度による園児の違いが出ているのかもしれないと思っていたが，さすがに3回目の結果から，もう一度検査条件を昨年度と同様に行っているかどうかを確認してみたところ，まったく変わっていたのだ。

　最も大きな問題は検査時間の変更で，初年度は昼食前の2時間を使って実施していたものが，二年度目は食事が終わった休み時間に実施されていた。その時間帯では，子どもたちは早く遊びたいために，当然おざなりな描き方をしてしまうだろう。さらに，検査の実施者もY先生ではなく，補佐役の若い先生に変わっていた。それもかなり影響したかもしれない。図らずも，以上のような検査条件の違いが，結果に明らかに反映されていたことがわかった。

　私たち専門家は，いかに検査条件を守ることが大切であるかを教え込まれ，また経験的にもそれを実感している。しかし，非専門家の場合はその重要性を十分に理解していないために，運営上の都合によって容易に検査条件を変更してしまう，ということが起こり得る。しかも，そのような変更が描画上にどのような影響を及ぼすかがあまり実感としてなかったために，この調査においても3回目が終了した段階で，こちらから聞くまでは検査条件が変わっていることは伝えられていなかった。そのような条件で行っていたために，子どもたちの絵はおざなりな描き方になり，その結果，前年度に見られたような鮮明な変化が映し出されることはなかった。そういう意味では，図らずも専門家による実施がいかに大切であるかを，改めて認識する結果となった。描画テストとしては，このような条件下ではほとんど無効となったが，非専門家による心理検査の実施の是非という意味では，貴重な研究となった。特にこのような研究は意図的にはできないものなので，得難い体験学習になったともいえる。

Part3. 小学校での試み ──
先生の関わりで 1981 年の絵が蘇った！

1. 調査の概略

　続く第三番目の課題は，いったん小学3年生レベルで停滞してしまった発達曲線を，再び上昇させることは可能なのかどうか。もし可能であるならば，どのような働きかけが必要なのか，ということだった。

　その課題を考えていたときに，ちょうど当時，東京の公立小学校で教鞭をとられていた山﨑隆夫先生と対談する機会があった。(三沢, 2002)。そのご縁で，対談後に先生の御著書『パニックの子，閉じこもる子達の居場所づくり ── 受容と共感の学級づくりで彼らは甦った！』(山﨑, 2001) をお送りいただいた。早速読んでみたところ，その内容の素晴らしさに，この先生が担当されるクラスを2年間追跡調査したならば，必ずや子どもたちの絵に何らかの変化が見られるにちがいない，と確信した。それがどこまで変化するものなのか，ぜひ追跡調査をしてみたいと思った。山﨑先生は，ちょうど5年生の担任になられたばかりだったので，5・6年生の2年間にわたる調査への協力をお願いしたところ，快諾いただき学校の承認も何とか得ることができた。

　調査方法は，山﨑先生が担当された5年生の生徒計22名（4回を通して受検した生徒数は19名）を対象として，当時コミュニティ・カウンセリング・センターのスタッフであった森あずささんとともに，5年時は6月と2月に，6年時は6月と3月の計4回，学校を訪問してS-HTPを実施した。調査の際は，毎回3・4時間目の2時間をいただき，まず集団でS-HTPを描いてもらい，描き終わった順に前へ来てもらって，個別の描画後質問を行った。

　また，調査実施後に山﨑先生に改めて時間をとっていただいて，こちらからは各児童の描画テストから見える特徴をお伝えし，先生からはそれぞれの

日常生活での様子をお聞きした。そのような形で，毎回3時間ほどの話し合いの時間を設けた。

なお，生徒と保護者からはあらかじめ調査のための許可を得ており，希望者には個別のフィードバックを行うことにしていた。しかし，実際に希望したのは生徒一人，保護者一人だけで，それ以外に希望した人はいなかった。

それゆえこの調査における描画の変化は，先の保育園での調査のように保護者に結果を伝えたことによる変化というより，基本的には山﨑先生の日常的な関わりによる変化と考えてよいものと思う。

2. 2年間でクラス全体の絵はどう変わったか

絵G-1～絵L-2は，1回目の調査（5年生の6月に実施）と4回目の調査（6年生の3月に実施）を比べて，実際にどのような変化が見られたかを示したものである。結論からいうならば，全体的に1981年の6年生が描いていた絵（8ページ）とほぼ同じような絵が描かれるようになり，山﨑先生とともに予想以上の大きな変化に驚いた。

1997年から1999年にかけての調査時には，ご協力いただいた先生方が1981年に描かれていた子どもたちの絵をご覧になって「こういう絵は，今ではまったく見られなくなりましたね」と話されていた。山﨑先生もそう言われたと記憶しているが，このクラスでは最後の4回目で，1981年と同様な絵がたくさん描かれたのである。

明らかな変化として見られたのは，以下のような点であった。

・「明らかに統合的」な絵が増えた。
・遠近感が加わった。
・写実的な絵が増えた。
・描画サイズが大きくなった。
・自己像が明確になった。
・スケッチ風の描線が増えた。
・友達と遊んでいる場面が多くなった。

第 2 章　問題に対する S-HTP を用いたアプローチ　　87

絵 G-1

絵 G-2

絵 H-1

絵 H-2

絵 I-1

絵 I-2

絵 J-1

絵 J-2

絵 K-1

絵 K-2

絵 L-1

絵 L-2

以上の点は，いずれも 1981 年の絵に見られた特徴で，精神的な成長や社会性の発達を反映するような重要な項目である。特に，統合性については表 2-3 に示したように，1 回目の数値は 1997～99 年の 6 年生に近い値を示していたが，4 回目は 1981 年の 6 年生に近い値を示している。「やや統合的」と「明らかに統合的」を足すと，1981 年は 94.9％であったのに対して，このクラスは 89.5％とやや低くなってはいるが，1997～99 年の 56.4％とは大差がある。また，「明らかに統合的」な絵が，1997～99 年は 6.9％だったのに対して，このクラスでの 4 回目の結果は 21.1％で，1981 年の 6 年生 28.2％により近い値となっている。

　ここで，この山﨑クラスの 1 回目から 4 回目にいたるまでの統合性の変化を，もう少し詳しく見ておきたい。このクラスの第 1 回目の結果は，巻末資料 E の 5 年生と比べてみるとかなり低い値となっている。巻末資料 E の数値は，1997～99 年の小学 5 年生だけでなく 1981 年の 5 年生も加えられているので多少高めになってはいるが，それを差し引いたとしても，この山﨑クラスの第 1 回目の結果は，1997～99 年のクラスに比べても低い値だったかもしれない。確かに，4 年から 5 年になった時のクラス替えで，かなり難しい生徒が山﨑クラスに集中的に入れられていたようだった。それを出発点として，「明らかに統合的」な絵は 2 回目，3 回目と皆無のまま 4 回目にして急に出現したように見える。しかし，それ以前の「やや統合的」な絵は，第 1 回目 36.8％，第 2 回目 73.3％，3 回目 84.2％と着実に上昇していたのである。

表 2-3　山﨑クラスにおける統合性の変化

	山﨑クラス				1981 年 6 年生	1997～99 年 6 年生
	1 回目	2 回目	3 回目	4 回目		
対象人数	19	19	19	19	39	101
羅列的	5.3％	0.0％	0.0％	0.0％	0.0％	1.0％
やや羅列的	10.5％	0.0％	5.3％	0.0％	0.0％	20.8％
媒介による統合	42.1％	26.3％	10.5％	10.5％	5.1％	21.8％
やや統合的	36.8％	73.3％	84.2％	68.4％	66.7％	49.5％
明らかに統合的	5.3％	0.0％	0.0％	21.1％	28.2％	6.9％

また，その他にも重要な変化として，友達との関係を描いた生徒が，初回は2名のみだったのが，最後の4回目は19名中13名もいたことが挙げられる。また，精神的な成熟を反映すると思われる「遠近感」のある絵が4名から16名へ，「スケッチ風の描線」が4名から13名へと増加した。

　以上の結果から，たとえ図1-1に見られたように小学3年生レベルで発達がいったん止まったとしても，周囲の関わり方や環境次第ではまた上昇する可能性があることが，見事に証明されたといえる。それにしてもこのような変化は，山﨑先生のどのような関わりが影響したのだろうか。それを次に具体的に考えていきたい。

3. 先生のどのような関わりが子どもの絵を変えたか

　そもそも山﨑先生にこの調査の依頼をしたきっかけは，先生の著書を読んだことにあった。その著書には，山﨑先生の生徒への関わり方がかなり具体的に書かれており，その特徴は，まさに本の副題にあるとおりに，『受容と共感の学級づくりで彼らは甦った！』そのものであった。つまり，私たちカウンセラー以上に，日常の学校生活のなかで，生徒に対して受容的・共感的に接しておられる，という印象だった。興味のある方は，ぜひ直接著書を参照していただきたい。

　調査時は毎回早めに学校に行って，20分間の休み時間の様子を観察していたが，暑い日も寒い日も先生は生徒たちと一緒によく校庭を走り回っておられた。思い起こせば特に1950年代までの子どもたちは，近所の群れ遊びの仲間たちと，毎日一緒にそのように遊び回っていたのだ。そうしたなかで，ときにはけんかをしたり，仲間外れにされたりしながら，友達との付き合い方や自己主張の仕方，ほどよいけんかの仕方など，基本的な人との関わり方を子どもたちは体験的に学んでいたはずだ。そのようなトレーニングが就学前に十分行われていたからこそ，入学後もそれなりに集団になじむことができたのではないだろうか。

　しかし，1960年頃からテレビが普及し，それにビデオやゲームなど機械漬けの生活になってからの子どもたちは，そのような子どもだけの群れ遊びの

中で鍛えられる体験があまりなくなってしまった。絵の両極化傾向にも見られたように，一方にはテレビ・ビデオ・ゲームの機械漬けの生活，他方にはお受験のために塾や習い事に通う生活で，東京などでは7歳にして私立小学校の受験に失敗し，挫折感を味わって公立小学校に入ってくる子どもさえいる。受験戦争のなかでは，周りの子どもたちはすべて競争相手になってしまうので，仲良くする術を学ぶのは難しい。先に示した幼稚園での描画には一人ぼっちの姿が多く見られたが，それはその園がお受験幼稚園として，有名私立小学校を受験する子どもが多いことを反映しているようにも思われた。

　また，格差社会が進むなかでのもう一方には，父親が失業して精神的に荒れていたり，離婚した母親が次々と新たな男性を家に連れ込んだりという状況などもある。そうした中で大人から安心・安全な環境を保証され，大事にされた経験がない，という子どもたちも増えている。そのような場合は，子どもたちは自分が置かれている状況に耐えるのに精一杯で，より豊かに成長するためのエネルギーを使う心の余裕がない。また他の子と仲良くしたり，他者を大事にしたりするような術を誰からも教わっていない，ということもあろう。

　そのような子どもたちが多くなっているなかで，先生がいくら言葉で「仲良くしましょう」とか，「思いやりを持って」「相手の身になって」と言ったとしても，子ども自身がそれを体験したりモデル学習したりしていない場合は，どうしていいかがわからなくても仕方がないのではないか。最も深刻なケースを受けることが多い，区役所内の子ども家庭支援センターでの相談状況を見ている限り，そう感じざるを得ないようなケースがかなり増えているのだ。

　それにもかかわらず，多くの先生たちはいまだに言葉で注意するだけで，それが通じない子どもたちには，「何回言ったらわかるんだ！」と怒ってしまうのではないだろうか。しかし，山﨑先生の場合はけっして怒るのではなく，遊びを通して互いに仲良くする術を改めて体験学習をさせるように指導されていた。

　実は2004年秋に放映されたETV特集『子どもたちの"心の闇"を越えて』という番組製作に関わっていたときに，ぜひ山﨑先生のクラスを取材してほ

しいとお願いした。幸いそれがかなって，当時山﨑先生が担当されていた3年生のクラスの一日が，30分のドキュメンタリーとして放映された。それを参考としながら，山﨑先生の生徒への関わりが実際にどのようなものであったから，前記のような絵の変化が生じたのかを，次に考えてみよう。

4. クラスの一日

　そのドキュメンタリー番組は，まず山﨑先生がアコーディオンを奏でながら，子どもたちと遊び回っている場面から始まった。子どもの心を活性化するために，週の始まりの月曜日朝には必ず行っているそうで，そのように思いきり遊び回った後は，むしろ落ち着いて人の話に集中できるようになる，とのことだ。

　また，授業の前に行われる朝会では，クラス全員が自分の体験談を話す。それを先生が丁寧に聞いている姿を見て，子どもたちも友達の言葉に耳を傾けるようになる。〈話を聞くこと〉は，その子の存在をかけがえのない一員として受け止め，相手のプライドを大切にすることで，それがお互いの人間関係を築いていく第一歩になる，ということだ。

　次の場面は，一学期最後の総合学習の時間で，そこでは「振り付けコンクール」をすることになっていた。各グループに分かれて，それぞれが選んだ曲に合わせて，ワーワー，キャーキャーと楽しそうに子どもたちが踊っている場面がしばらく続いていたが，突然あるグループでけんかが始まった。そして，いきなりA君がB君に殴りかかり，B君が鼻血を流すという事態にまで発展した。取材のテレビカメラが入っていたにもかかわらず，そういう事態が起こるのだから，やはり今の学校では日常的に一触即発の状況があることがリアルに伝わる場面であった。

　しかし，ここで山﨑先生はけっしてあわてずに二人の横に屈んで入り，A君に手伝ってもらってB君の手当てをしながら，両者の言い分をじっくり聞き始めた。二人の話を総合すると，どうやら練習を嫌がって出て行こうとしたA君をB君が強引に引き止めようとして，それに怒ったA君が思わずB君を叩いてしまった，ということのようだ。そうやって，先生にじっくりと

その経緯やお互いの感情を聞いてもらっているうちに，二人は徐々に自分の感情を整理し，冷静になることができた。やがて，A君は気持ちを取り直してグループに戻り，顔を洗って戻ったB君とややぎこちない様子ではあったが，ともに振り付けを考え始めた。

しかし，一件落着と思ったのも束の間，他のグループではC君が一人だけしゃがみ込んでしまった。そして，トイレに行くと言ったまま，帰りの会になっても戻って来ない。しかし，先生は辛抱強くC君の帰りを待っていて，迎えに行った女の子に伴われて帰ってきたC君に対しても，何も言わずに見守っていた。

やがて帰りの会が始まって，「今日うれしかったこと，嫌だったことがある人？」という司会者の問いかけに，C君が思いきった面持ちで手を上げた。そして，習字の時間にD君が自分のことをわざと違う名前で呼んでからかったのが嫌だった，としっかりと述べた。心にわだかまっていたことを皆の前で言い，それを皆が聞いてくれたことによって，C君の表情は明らかに変わっていった。

最後のインタビューで，山﨑先生は次のようにおっしゃっている。

> 学校の役割とは，大人になって社会に出たときに，きちんと生きていける心の強さを養うところ。以上のような関わりは，そのためのものです。現在，家庭的な問題などもあって，傷つきやすさや不安を抱えている子どもが多くなっています。そうしたなかで，友達の輪に入りたいけれど，傷つくことを恐れて入れない子，「クソババア！」とか「死んでやる！」とか攻撃的・自虐的な言葉をぶつける子，ちょっとしたことでキレたり，器物破損をしたりする子。そういう子どもたちが，90年代半ば頃から目立つようになりました。
>
> そういう子に対して，叱っても大きな声を出しても，クラスはまとまらず，子どもたちとどう向き合ったらいいのか，かなり悩んでいた時期がありました。その結果，子どもたちがどう変わろうと，頭ごなしに叱るのはやめよう，と思いました。子どもの攻撃的な行為自体は止めなければならないが，その子はそういう表現の仕方しか知らないのだから，

その奥にある怒りや，何を求め，何を叫んでいるのかを十分聞き取ってあげる。そして，「じゃあ，こういうしゃべり方をしてごらんよ」と別の表現の仕方を教えてあげると，子どもたちは次第に変わっていくんです。

　「汚いからやめなさい」「あの子と遊んだら，いじめられるからやめなさい」といろいろと規制して，無難にいい子に育てようとする親が増えていますが，もっと大きな器，懐の深い器になって，子どもにいろんな体験をさせてやってほしい。人間は，恨みや憎しみなどの否定的な感情も持っています。それはそれで認めてあげて，そういうものを持っていていいけれど，その出し方はルールに則って配慮して出すんだよ，ということを教えてやってほしい。

　いろいろあるけど人間って楽しいものなんだ，仲間っていいものなんだということをわかってもらうために，ワーッと一緒に遊んで，触りあって，まずは皆で楽しむようにしているんです。

　番組はクラス全員で輪になって大声で叫ぶ場面で終わった。
　今回の継続的な追跡調査のなかで，以上の山﨑先生のコメントを裏付けるような変化を示したM君とN君の絵を見ながら，具体的にそのような山﨑先生の関わりが，子どもの心をどのように変えていくのかを見てみよう。

5. 具体的な事例から

　絵M-1-1〜M-1-3は，すべてM君が1回目の検査で描いたものだ。1枚目の絵M-1-1については，人は「自分」で，その隣に何人かの人や猫などを描きかけたが，結局，すべて消去した。この絵については，人が多少浮いて描かれている以外は，特に問題のない一般的な絵といえる。
　ところが，M君はこれでは物足りなかったようで，次に自ら画用紙を取りに来て2枚目の絵M-1-2を描いた。本人も「これはふざけて描いた」と述べているように，サングラスをかけた人や鼻水を垂らしている人が描かれ，自分については「別にいない」ということだった。空からは人をめがけてカ

第 2 章　問題に対する S-HTP を用いたアプローチ　　95

絵 M-1-1

絵 M-1-2

絵 M-1-3

ミナリが落ちていて，かなり攻撃な絵でもある。

　山﨑先生の話では，それまでのM君に対する周囲の印象は，実はこの絵に最も近いということだった。家庭環境は，母と姉と3人の母子家庭で，毎日母親の帰りは遅く，思春期になった姉がさまざまな異性関係を持ち込んでいた。彼がこのクラスに入る前の4年生までは，閉じこもりや攻撃的な行動が目立ち，トラブルメーカーになりがちだった。確かにそれらの問題は，この絵に象徴的に表れているといえる。

　しかし，彼はこの2枚目で終わりにはせずに，最後に3枚目として絵M-1-3を描いた。これは一変して，ポジティブな世界になっている。魚釣りをしている子どもはとても楽しそうだし，虫取り網を持った小さな子どものために，空いっぱいにセミを描いている。また，それ以前の絵は雲しか描いていなかったが，この3枚目には雲間から太陽が照り始めている。私はそこにも希望を感じた。

　先生の話では，この3枚目の絵は彼の優しい一面を表しているということだった。これまでの現実的な問題は2枚目の絵に表れていたが，この3枚目は，彼が持っている潜在力や可能性を示すものとして，大事にしてほしいと思った。M君自身も「よくできたのは3枚目だ」と言って，これで満足して終えることができた。

　絵M-2は，その8カ月後の2月に描いたものである。この2回目以降は，毎回1枚ずつ描いたが，この絵には前回描いた三つの面が見事に統合されている。それまでの彼の中には，ポジティブな面とネガティブな面とが分裂したまま並存し，そのため時にはネガティブな面が出てきて突然「キレる」ことがあったのだが，その両面を持ったM君を山﨑先生がまるごと受け止めることによって，彼自身もそれを認めて，受け入れられるようになったのではないか，と思う。その変化がこの絵にも明らかに反映されている。

　実際の学校生活では，まだ本人にとって不本意なことがあると，屋上に行って隠れてしまうことがあった。しかし，そういう場や時間を確保してあげると，かなり自分の中で収められるようにもなった。描画後質問では，「自分はいない」とのことだったので，「もし，いるとしたらどこにいる？」と質問すると，「屋上のデッキチェア」という答えだった。彼にとって屋上は，人から

第 2 章　問題に対する S-HTP を用いたアプローチ　　97

絵 M-2

絵 M-3

絵 M-4

離れて冷静な自分を取り戻す格好な場なのかもしれない。

6年生になって6月に第3回目として描いた絵M-3は，描線が薄くなり，形態も不確かになって，全体的に自信のない絵に変わった。これは，思春期に入りかけたときの一般的な描画特徴でもあるが，彼の場合は，自信のない自分をやっと素直に表現できるようになったともいえる。人間像は，相変わらず「真中は鼻をほじっている」「左はたばこを吸っている」と言っているが，自分については，このときも「屋上にいる」とのことだった。

先生の話では「まじめに粘り強くやる面はあるが，追いつめられると目が据わってきて，何をするかわからない危険な面もある」，そしてちょっと気を抜くと，どんどん駄目になってしまいそうな緊張感は依然として続いている，ということだった。この時期，家庭内で好ましくない刺激にさらされている状況は，相変わらず続いていた。

それでも4回目，6年生の最後に描かれた絵M-4は，彼がこのクラスの中でどのように成長したかを明らかに示していた。この4枚目で，M君は初めて友達とバスケットボールをしている自分の姿を描いた。山﨑先生が話されたように，「いろいろあるけど，仲間っていいものなんだ」と，やっと彼も思えるようになったのかもしれない。しかも，左から3番目が自分ということで，ほかに比べて簡素な描き方ではあるが，自らシュートしたところを描いている。この絵を見ると，M君はこの2年間の学校生活において，山﨑先生に見守られながら，必要最低限の自己肯定感と他者肯定感を獲得していったのではないか，と思われる。

最後の作文で，「ぼくは昔，かなり悪い人でした。授業中も抜け出したりしたことがありました。でも，悪いところがなくなったのは，5，6年。うれしかった」と書いた。先生やクラスの仲間たちから受け入れられ，大事にされたときに，子どもはこれだけ変わることができるのだということが，これらの描画変化からよくわかる。しかし彼の場合，それがまだしっかりと確立されていない段階で，中学生になるのはかなりの心配が残る。中学校でも同様の温かいサポートが得られればいいが，そうでなければ潜在化している攻撃性や衝動性が，再度噴出してくる危険性は依然として残っている。それはこの木のとがった枝や，煙突から噴出している煙の中に感じられた。

M君と同じような変化を示した絵として，N君の絵N-1〜4がある。先生の話では，彼はM君と同様に，4年生まではかなりの〈問題児〉で，実際にタガがはずれると，けんかしたり，"キレる"ことがよくあったそうだ。

確かに，1回目の1枚目に描かれた絵N-1-1は全体的に6年生の絵とは思えないほど幼く，木は攻撃的，人は「誰でもない人」が，一人だけやや浮いた状態で描かれている。また，家の窓は小さく閉鎖的な印象を受ける。一方，その後で2枚目として描かれた絵N-1-2は，友達と遊んでいるところということで，「かしてー」「いいよー」と会話している。また，猫やセミ，太陽なども描かれていて，先のM君の絵M-1-3と同様に，1枚目よりも2枚目のほうが彼の中に潜在しているポジティブな面を感じさせるものとなった。

絵 N-1-1

絵 N-1-2

次の2回目の調査時に描かれた絵N-2は，より視野が広くなり，描写も細やかになっている。特に，公園の人間像は簡略化した描き方ではあるが，その動きはさまざまに描き分けられており，マンション1階の人は窓から布団を干しているなど，より生活感のある絵になっている。しかし，遠近感，立体感の描写はちぐはぐで，全体的に大人への成長と幼さとが混在するような絵である。

　6年生になって3回目に描かれた絵N-3と4回目に描かれた絵N-4とは，どちらも小さくなり，描線も薄くなって，自信のなさが目立つ絵となった。どちらにも「自分はいない」とのことで，あえていうならば，「サッカーをしている小さな人」ということだった。また，どちらにも屋上でブランコをしている人や，昼寝をしている人が描かれており，それがもう一人のN君であるようにも感じた。M君と同様に，人とうまく交わることができない孤立感や，寂しさを示しているのかもしれない。描線は全体的に不安定で，木には攻撃性や衝動性が残っている。担任の山﨑先生のもとで，このクラスの中ではどうにか治まっていたものが，環境の変化によってはまた"キレる"という危険性は，依然として残っているようにも感じられた。

　以上，二つのケースの共通点は，表面的にはつっぱっていても，実はその背後に自信のなさや自己否定的傾向，孤立感などが潜在していることが，S-HTPには表現されていたということだ。先生をはじめとしてクラスの中で受容的・支持的な関わりが得られたならば，そうした弱さを自ら認めて，潜在化した攻撃性や衝動性もコントロールできるようになる。ただし，そのようなサポートが得られない環境では，また何らかのきっかけで自暴自棄になり，キレてしまう危険性も残っている。おそらく，〈問題児〉といわれる子どもたちの中には，同じような傾向が見られる子どもが多いのではないだろうか。

　また，今回改めて気づいたのが，問題児といわれる子ほど，このS-HTPの検査においては1枚だけでなく何枚か描きたがる子が多かったことである。普通そういう子ほど，検査に対して拒絶的になるのではないか，いい加減に描くのではないかと思われがちだが，実際にはM君やN君のように何枚か描きたがり，しかも一生懸命に描いていたのである。それは，どこかで自分

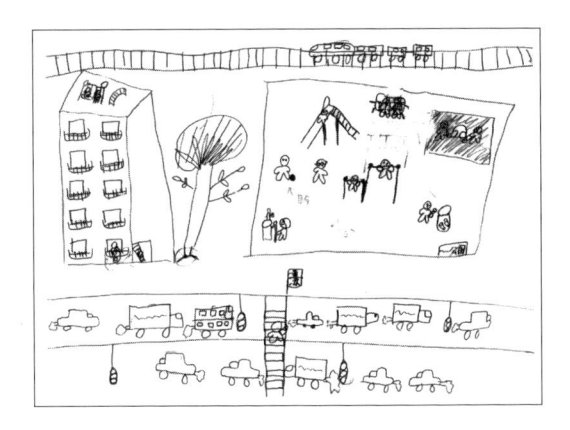

第 2 章　問題に対する S-HTP を用いたアプローチ　101

絵 N-2

絵 N-3

絵 N-4

の心の内を表現し受け止めてもらうことを求めていて，この検査にはその可能性を感じとってくれた，ということなのではないだろうか。だからこそ，私もこの描画テストを続けてきたのかもしれない，と思った。

6. 先生の感想

　最後に今回の調査にご協力いただいた山﨑先生からの感想を，以下に抜粋する。

　　　今回の描画テストのお話があったときに，教師の視点だけでは見えてこない子どもの姿がとらえられるのではないか，これまでとは違った指導の在り方が見えてくるのではないかと思って，取り組ませていただきました。
　　　私は，具体的に接してきた子どもたちが，特に1990年代になって，これまでの「指導観」や「教育観」「子ども観」ではとらえきれないこと，子どもの心の危機やひとつのまとまりある人格を育てていくうえで，何らかの問題が生じているのではないかと思っていましたので，いわゆる教師の世界とは別の世界から見た「子どもを見る目」を求めていました。良い機会でした。
　　　結論をいいますと，今日の子どもたちの生きる姿を深く的確にとらえるためには，教師の実践的・具体的な「子ども観」も大切ですが，それは大人や教師の目に見える姿でしかないところが多いといえますので，教師とは違った「子どもの心を理解するカウンセラー」の方々との共同作業が必要になっている，との確信を持つまでになりました。
　　　教師には子どもとの深い共感を進めることがその努力によって可能ではありますが，しかし，それだけでは見えてこない子どもの世界があることを知らねばならないということです。今回，このことを強く教えられました。逆にいえば，子どもをめぐる共同を進めなければならないほど，今日の子どもの危機は，あるいは育つことの困難は大きいといえるのだと思います。

逆に臨床心理士として個別のカウンセリングを続けてきた立場からいうならば，もはや子どもたちの抱える欠乏感は，週1回のカウンセリングで埋められるものではなく，日常的に関わっている先生や保育士の方々などに，それを少しでも可能な範囲で埋めていただくしかない状況になっている，と感じている。

　結局，本来〈子ども一人育てるには，村中の人が必要〉だったものが，ここ半世紀は，母親一人に委ねられてしまったことによって，これだけ欠乏感を持った子どもたちが増えてしまったのではないかと思う。それは，母親の育て方のせいというよりも，母親一人に委ねて事足れりと思ってきた，世の中全体の問題といえる。今後も各人の問題が世代間連鎖，あるいは拡大再生産されるのを食い止めるためには，親だけではなく，多くの人々が関わる必要があろう。子どもが必要とする〈愛情〉や〈承認〉などの〈心の糧〉となるものを，親だけに求めずに，与えられる人が与えていく。そういう関わりを多彩に作っていくことが必要ではないかと思う。

　本来は，教育者であるはずの先生たちが，そのような役割まで担わなければならない状況のなかで，心身ともに疲弊していくことが多くなっている。結局，現代の子どもや家族の問題は，学校や相談所だけで解決できるものではなく，それぞれの機関が専門性を生かしつつ，地域全体で協力して当たっていくことが必要になっていることを，今回の調査でも改めて実感した。

第3章
S-HTP の標準化に向けての試み

Part1. S-HTP の評定用紙の作成と各判断基準についての研究

1. 研究の概略

　「はじめに」でも述べたように，本法はさまざまな子どもの臨床現場で実施されるようになってきたが，その判読に際しては客観的な判定基準がないために，検査者の臨床経験や主観的解釈に委ねられてしまい，十分にその結果が生かされていない，という現状がある。

　そこで統合型 HTP 法を子どもの心理検査として有効活用するための基礎的な研究を，次のように行った（三沢，2009）。その主な目的は，S-HTP を子どもの発達的な問題，および心理的・精神医学的な問題を査定する検査として，各臨床現場でより有効に活用してもらうために，より簡便で客観的な評定用紙を作成することにあった。

　初年度の研究は，児童相談所関連の現場で働いている心理判定員 14 名と筆者，および分析協力者 2 名の計 17 名で研究チームを組んだ。そして，各研究協力者がそれぞれの現場でできるだけ多くの S-HTP を実施し，それらの結果を毎月 1 回程度行われた研究会に持ち寄って，全員で各描画の判読を

行った。その研究会では，毎回 10 枚程度の S-HTP 画が提出されて，合計 80 枚の描画を検討した。そこで提出された事例は，発達障害，情緒障害，非行問題などすべての問題を網羅しており，その 80 名の描画を分析した段階で，試験的に暫定的な評定用紙を作成してみることになった。

　具体的には，これまで病院などで成人に S-HTP を実施した際に，結果の報告書として用いてきた表 3-1 の「S-HTP 結果表」を参考にしながら，対象者を 5 歳から 18 歳に想定した場合にどのような改変が必要かを研究会のメンバーで検討し，表 3-2 のような評定用紙を作成した。

　成人用の結果表は，評定尺度として「エネルギー水準」「統合性」「安定性」「社会性」「現実検討力」の 5 尺度と，チェック項目として「妄想的」「内閉的」「攻撃的」「緊張感」「不安感」「抑うつ的」の 6 項目，それに「総合的評価」の尺度が用いられていた。

　それに対して，今回は児童が対象となるので，「統合性」「エネルギー水準」「安定性」「社会性」はそのまま用いるとして，「現実検討力」の代わりに「発達レベル」を入れ，それに「自己評価」と「内的豊かさ」の 2 項目を加えて計 7 尺度とした。

　また，チェック項目については，「妄想的」「内閉的」「攻撃的」「緊張感」「不安感」の 5 項目は同じだが，「抑うつ的」は子どもの場合には判断が難しく，なおかつ評定尺度のほうに「エネルギー水準」という尺度があるので，今回は省くことにした。それに，新たに「防衛的」「衝動的」「強迫的」「美化」の 4 項目が付け加えられて，計 9 項目となった。

　評定尺度が 5 尺度から 7 尺度へ，チェック項目が 6 項目から 9 項目へといずれも増えているが，それは最終的に取捨選択することを前提に，まずは研究会で提案されたものをすべて入れて検討することにしたためである。

　そして次年度の研究計画では，80 枚それぞれの S-HTP 画について，その評定用紙に沿った判定と，従来の分析項目に沿った分析とを並行して行い，それらの結果を照合することにしていた。それによって，評定用紙で用いる尺度やチェック項目に関して客観的な判定基準を明らかにし，最終的にその暫定的に定めた尺度とチェック項目の採否を検討する，という予定であった。

　ところが研究が 2 年度目に入ったところで，前年度に研究協力者として参

表 3-1　従来の S-HTP テスト結果表

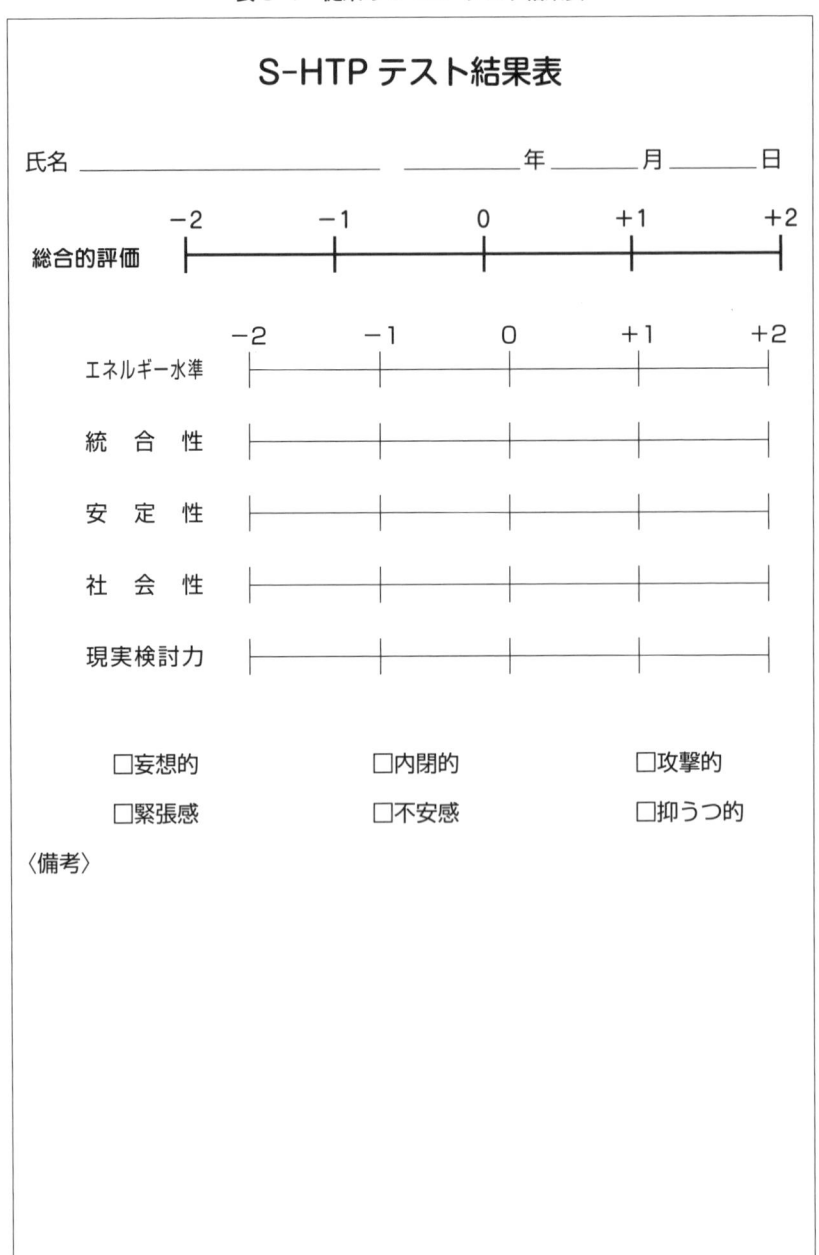

S-HTP テスト結果表

氏名 _____　　_____年_____月_____日

総合的評価　-2　-1　0　+1　+2

エネルギー水準　-2　-1　0　+1　+2

統　合　性

安　定　性

社　会　性

現実検討力

□妄想的　　　□内閉的　　　□攻撃的
□緊張感　　　□不安感　　　□抑うつ的

〈備考〉

表3-2 今回新たに作成したS-HTP評定用紙

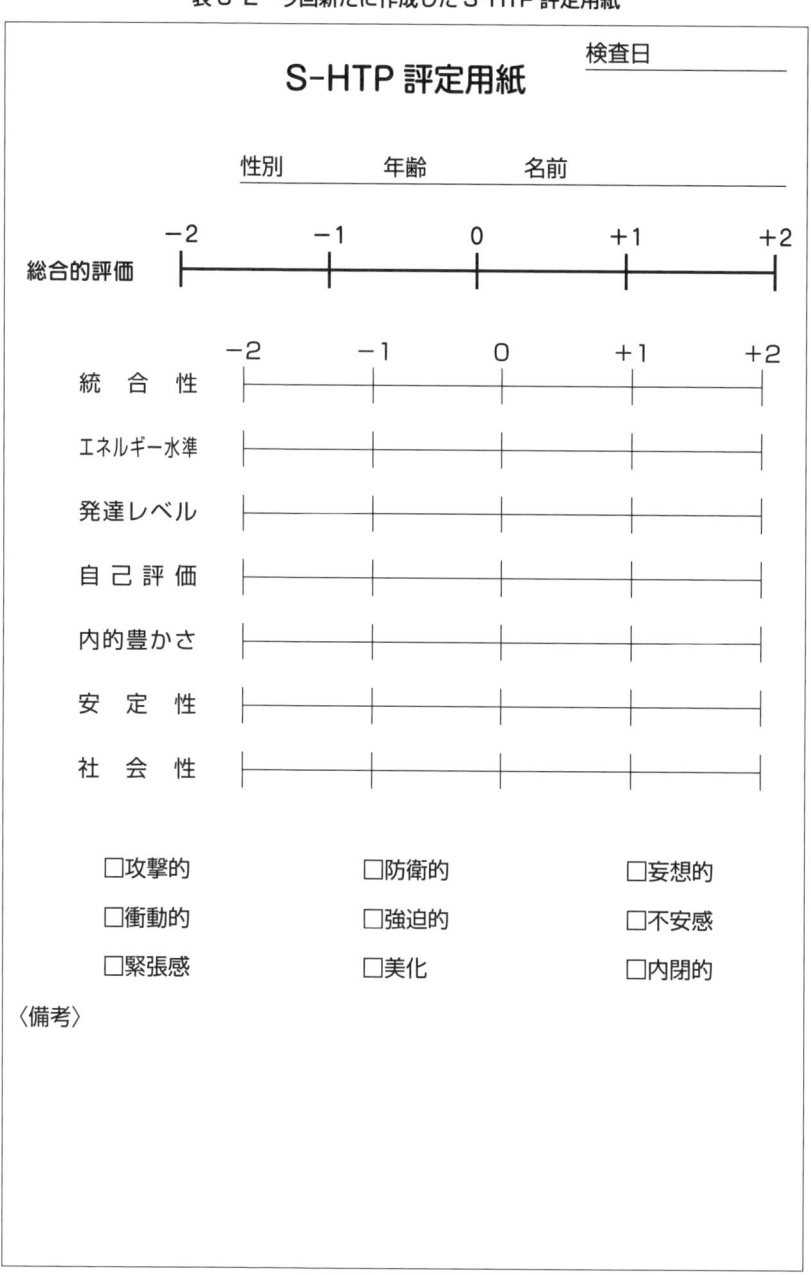

S-HTP 評定用紙

検査日 _____

性別 _____ 年齢 _____ 名前 _____

総合的評価： -2 ─ -1 ─ 0 ─ +1 ─ +2

統合性： -2 ─ -1 ─ 0 ─ +1 ─ +2
エネルギー水準
発達レベル
自己評価
内的豊かさ
安定性
社会性

□攻撃的　　□防衛的　　□妄想的
□衝動的　　□強迫的　　□不安感
□緊張感　　□美化　　　□内閉的

〈備考〉

加していただいていた方々のうち，かなり多くの方が他の職場に異動されることになった。それによって，前年度に検討した描画テストを，再度持ち出して評定用紙に沿って判定することが，事実上困難となった。さらに，「個人情報保護法」の実施によって，他のデータの持ち出しも困難な状況となり，改めて研究計画を変更せざるを得なくなった。

　そこで，昨年度検討した80例を分析する代わりに，これまで小学校において実施してきたS-HTP画を対象として分析を行うことにした。それらの絵はすでに149項目の分析項目に沿って分析しており，その結果と新たに作成した評定用紙に沿って評定した結果とを照合することによって，それぞれの尺度やチェック項目の判定基準や採否を検討するというものである。このPart 1の研究においては，すでに5ページの表1-1で示した小学生のうち1981年の小学生238名のみを対象とすることにした。この後のPart 2の研究では，環境的な要因の影響も検討するために，1981年の小学生238名だけでなく1997～99年の小学生550名も分析対象とするが，ここにおいては1981年の小学生だけに分析対象者を絞ることにした。

　本来は，より新たなデータを分析すべきであるが，先の研究で明らかになったように，1997～99年の小学生の群は4年生で描画発達が頭打ちになる，という特異な結果を示していた。それは，長年の描画研究の結果からいわれてきた，小学校3, 4年を境として観念画から写実画へと移行するという見解からすれば，極めて特異な結果といえる。

　それが現代の子どもたちの一般的な絵であるとするならば，それを標準として考えるべきだとの意見が一方にあったが，今回の評定に関わった分析協力者2名とも協議した結果，やはり1997～99年の結果は現代の特異な環境での特異な結果であり，標準化の基準にすべきではない，ということで一致した。それゆえ，今回の分析対象は，本来見られるはずの観念画から写実画への移行が明らかに見られていた1981年の小学生238名のS-HTP画のみとすることにした。

　それぞれの絵を判定する際は，できるだけ信頼性を高めるために，S-HTPの実施や判定経験が豊富な分析協力者2名との合議によって評定した。実際の評定にあたっては，判断が微妙に分かれることもあったが，その度に三者

で合議して細かな規定をして，判定基準を明らかにする努力を重ねた。それぞれの判定基準については，次の結果も含めたまとめのなかで，基準となる描画を示しながら具体的に説明し，検討したい。

なお，今回の研究においては，「総合的評価」と「発達レベル」についての評定は困難であるとして，今後の課題とすることにした。ただし，学年差と各分析項目との相関係数については算出しているので，その結果は発達レベルを考える際の重要な手がかりになるものと思われる。また，チェック項目については，今回の分析対象が一般児童の描画に絞られたために，統計的分析を行うほどの枚数には至らなかった。それゆえ，これらのチェック項目も今回の統計的分析からは除外した。

2. 尺度による評定

それぞれの評定尺度および学年と分析項目の相関性は，巻末資料 D に示すとおりである。また，各尺度と相関性を示した項目については，表3-3に各尺度ごとにまとめた。

表3-3 相関性の見られた尺度と項目

（○は尺度，●は項目を示す）

統合性

プラスの相関	マイナスの相関
○エネルギー水準[†]	○自己評価[†]
○内的豊かさ[††]	●太陽[†]
○学年[††]	●人の向きが正面[†]
●遠近感[††]	●バランス過大[††]
●陰[††]	●主要人物の顔なし[†]
●山[†]	●足なし[†]
●道[†]	●短かすぎる腕[†]
●田畑[††]	●人の浮き上がり[††]
●家から遠ざかる[†]	●家が縦長[††]
●ドアに手をふれている[†]	●上方直閉幹[†]
●木に寄りかかっている[†]	●全枝先直[†]
●人の向きが混合[†]	（以上，1尺度，10項目）

- 運動描写††
- 歩いている†
- 遊んでいる†
- ひじあり†
- ひざあり†
- 家はみ出し†
- 壁の数†
- 家が横長†
- 基線あり†
- 屋根の模様†
- ベランダ†
- ポスト†
- 表札†
- 枝描写†
　　　　　（以上，3尺度，23項目）

エネルギー水準

プラスの相関	マイナスの相関
○統合性† ○内的豊かさ†† ●田畑† ●ドアに手を触れている† ●家に寄りかかっている†† ●走っている† ●家の面積† ●ポスト† ●表札† 　　（以上，2尺度，7項目）	●描画サイズが全体で4分の1以下†† ●影† ●主要人物の顔がない†† ●人の浮き上がり†† 　　　　　　　　（以上，4項目）

自己評価

プラスの相関	マイナスの相関
●背丈†† ●人が過大†† ●主要人物の顔† 　　　　　（以上，3項目）	○統合性† ●描画サイズが全体で4分の1以下†† ●影† ●人が家の中だけにいる† ●人が家の上にいる†

	● 性別同性[†] ● 仕事をしている[†] ● 記号化[††] ● 主要人物を簡略化[†] 　　　　（以上，1尺度，8項目）

内的豊かさ

プラスの相関	マイナスの相関
○ 統合性[††] ○ エネルギー水準[††] ○ 社会性[†] ● 遠近感[†] ● 陰[†] ● 付加物あり[†] ● 山[†] ● 囲い[†] ● 門[†] ● 田畑[†] ● 人が家の中と外にいる[†] ● 家から遠ざかる[†] ● 木に寄りかかっている[†] ● 人の向きが混合[†] ● 運動描写[†] ● 遊んでいる[†] ● 家が画面からはみ出している[†] ● 屋根の模様[†] ● ポスト[††] ● 表札[†] 　　（以上，3尺度，17項目）	● 人が正面向き[†] ● 人が過大[†] ● 人の浮き上がり[††] ● ドア・窓または窓がない[†] 　　　　（以上，4項目）

安定性

プラスの相関	マイナスの相関
● 門[††] ● 家から遠ざかる[††] 　　　　（以上，2項目）	● ドアに手を触れている[†] ● 家の上にいる[†] ● シルエットのみの人[†] ● 主要人物の簡略化[†]

	● 手なし[†] ● 足なし[†] ● ドア・窓あるいは窓なし[†] ● 枝直交[†] ● 説明書き[†] 　　　　　　　　　　（以上，9項目）

社会性

プラスの相関	マイナスの相関
○ 内的豊かさ[††] ● 人が家の中と外にいる[††] ● 人が家から遠ざかる[†] ● 木に登っている[†] ● 人数[††] ● 人の向きが混合[††] ● 運動描写[†] ● 遊んでいる[††] 　　　（以上，1尺度，7項目）	● 人が家の中にいる[†] ● 人が正面向き[†] ● 人の浮き上がり[†] 　　　　　　　　（以上，3項目）

学年

プラスの相関	マイナスの相関
○ 統合性[††] ● 描画サイズが4分の1以下[††] ● 陰[†] ● 山[†] ● 田畑[††] ● 運動描写[†] ● ひざあり[†] ● 壁の数[†] ● 家が横長[†] ● 表札[†] ● 枯れ木[†] ● 枝が単線[†] 　　　（以上，1尺度，11項目）	● 太陽[†] ● 擬人化[†] ● 人が正面向き[†] ● 記号化[†] ● 手なし[†] ● 足なし[†] ● 首なし[†] ● 短すぎる腕[†] ● 人の浮き上がり[†] ● 家が縦長[††] ● 上方直閉幹[††] 　　　　　　　（以上，11項目）

$\begin{pmatrix} \text{[†]：相関係数が}0.4 \sim 0.6 \text{ あるいは} -0.6 \sim -0.4 \\ \text{[††]：相関係数が}0.6 \text{ 以上あるいは} -0.6 \text{ 以下} \end{pmatrix}$

1) 評定尺度間の相関性

　この評定尺度を作成していたときに，最初は「統合性」が総合的評価となり得るのではないかと考えていた。実際に巻末資料 D の結果を見ても，「統合性」は「内的豊かさ」「学年」と強い相関，「エネルギー水準」と弱い相関，「自己評価」とは弱い逆相関が見られ，ほかにも「社会性」とは 0.39 というそれなりに高い数値を示した。結局，あまり相関性を持たないという結果になったのは，「安定性」との間の 0.108 のみであった。そういう意味では，確かにこの「統合性」は，他の評定尺度と微妙に関連しながら評価されることが明らかとなり，総合的な評価項目として考えられなくもないことが示唆された。

　これらのうち，注目すべき点は，「自己評価」が「統合性」と逆相関を示したことである。つまり，自己評価が高いほど統合性は低くなるということであるから，一見矛盾した結果に思われる。それは，人物像が過大に描かれた場合に，「自己評価」は高得点になるが，「統合性」においては大きさのバランスが悪くなって，結果として評価が下がってしまうことに起因する。それゆえ，今後この「自己評価」の評定尺度を残す場合は，評価の仕方をもう少し綿密に考え直す必要があろう。

　その他に，「統合性」尺度以外に相関性が認められたのは，「内的豊かさ」と「エネルギー水準」および「社会性」との間における正の相関であった。この「内的豊かさ」は，「統合性」とかなり高い相関性が認められているので，あえて別の尺度としてこの項目を残すかどうかは，今後さらに検討が必要と思われる。

　今回の評定においては，「総合的評価」と「発達レベル」の判定については，次の課題として残すことにしたが，「統合性」が多くの尺度と相関性を示したことで，再度「統合性」を総合的な評定尺度と考えてよいかどうかという課題が残った。今後，あえて判定が困難な「総合的評価」を加える方向で検討するか，あるいはそれを「統合性」尺度に代えて，それに他の評定尺度を並列して示すに留めるかは，さらに検討を要することと思われた。

　また，「発達レベル」の尺度に代わって今回分析に含めた「学年」が，唯一相関性を持った尺度が「統合性」であったことも興味深い結果といえる。逆

にいうならば，少なくとも小学生に関しては，他の「エネルギー水準」や，「自己評価」「内的豊かさ」「安定性」「社会性」などは，学年による影響があまり見られない項目であった，ということである。

　以上の結果は，今後さらに評定尺度の採否を検討したり，S-HTP の発達レベルや総合的評価を考えるうえで，重要な手がかりになるものと思う。

2) 各尺度における判定基準と分析項目との相関性

① 統合性

　統合性についての評価は，これまでの研究で用いてきた分析項目である「羅列的」「やや羅列的」「媒介による統合」「やや統合的」「明らかに統合的」の5段階評価をそのまま採用して，「羅列的」を －2，「やや羅列的」を －1，「媒介による統合」を 0，「やや統合的」を ＋1，「明らかに統合的」を ＋2 として換算した。それぞれの代表的な絵は，絵 93～97 に示した。それぞれの評定基準は次のようである。

　　＋2：「明らかに統合的」。全体的に一つのまとまった場面構成がなされ，不調和な部分がない。
　　＋1：「やや統合的」。全体的に一つのまとまった場面構成がなされているが，一部に不調和な描写が残る。
　　　0：「媒介による統合」。家と木と人の課題自体は羅列的だが，地面・山・草・雲などの媒介物によって，一応の統合は図られている。
　　－1：「やや羅列的」。一部にやや関連付けは見られるが，全体的には羅列的に描かれている。
　　－2：「羅列的」。家と木と人が無関係に羅列されている。

　実際の判定では，「羅列的」と「媒介による統合」と「明らかに統合的」は比較的容易に判断できるもので，そのいずれとも判断し難いもの，それらの中間に位置するものが，「やや羅列的」や「やや統合的」に分類されることになる。

第3章 S-HTPの標準化に向けての試み 115

絵93 （統合性 +2）

絵94 （統合性 +1）

絵95 （統合性 0）

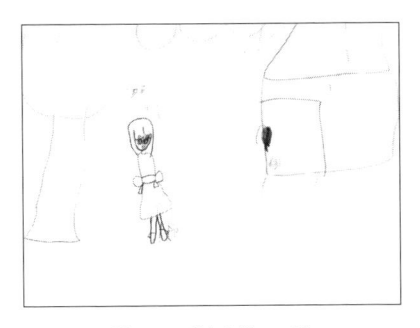

絵96 （統合性 -1）

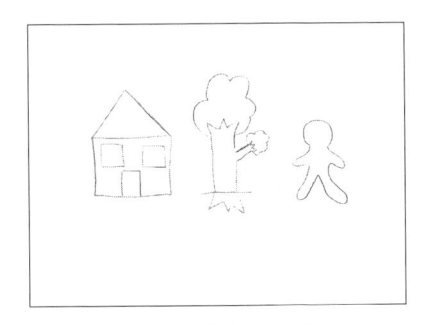

絵97 （統合性 -2）

以上のような基準によって評定された統合性の結果と，各分析項目との相関性については，次のような結果となった。まずプラスの相関として††の強い相関を示したものは，「遠近感」「陰」「運動描写」「田畑」であった。また†の弱い相関を示したものは，「遠近感」の描写に具体的に関わる項目として，「山」「道」などの付加物，「運動描写」に関わる「人の向きが混合」「歩いている」「遊んでいる」などの項目，課題間の関係性を表す「家から遠ざかる」「ドアに手をふれている」「木に寄りかかっている」などの項目，課題の明細化に関わる「ひじあり」「ひざあり」「屋根の模様」「ベランダ」「ポスト」「表札」「枝描写」の項目，発達によって変化が見られる「壁の数」「家が横長」「基線あり」の項目，大きさのバランスに関わる「家はみ出し」の項目などが認められた。

　また，マイナスの相関として††の強い相関を示したのは，「人が過大」「人が浮き上がっている」「家が縦長」の三つの項目，†の弱い相関としては，「人の向きが正面」「足なし」「短かすぎる腕」「上方直閉幹」「全枝先直」など運動や明細化に関わる項目や，観念画期によく見られる描画特徴などであった。

　なお，今回はこれまで行っていた「統合性」の5段階の分析結果をそのまま尺度化して用いたが，今後は特に「やや羅列的」と「やや統合的」をそれぞれ低レベルのものと高レベルのものとに分けるために，他の尺度と同様に0.5ごとの評定基準を考えてみる必要があるものと思われた。

② **エネルギー水準**

　エネルギー水準に関しては，主に描画サイズと筆圧，それに描かれているものの密度などを考慮しながら，以下のような基準に従って判断した。それぞれの代表的な描画は絵98〜102に示した。

　　＋2：課題以外の付加物も入れて，画面全体を埋め尽くすように描かれているエネルギッシュな印象の絵。筆圧も強い。
　　＋1：画面全体に，付加物なども入れて，ほどよく描かれている。
　　　0：画面全体に描いているが，基本的に課題のみで，空いている部分も

第3章 S-HTP の標準化に向けての試み 117

絵98 (エネルギー水準 +2)

絵99 (エネルギー水準 +1)

絵100 (エネルギー水準 0)

絵101 (エネルギー水準 −1)

絵102 (エネルギー水準 −2)

多い。
　－1：紙面の半分ほどしか使用していない。
　－2：紙面のごく一部しか使っていない小さな絵。

　このエネルギー水準についての判断は，大きさ・筆圧の強弱・密度の3要素を考え合わせて判断するので，描画サイズは大きくても筆圧が弱い場合は0.5下げたり，逆に描画サイズが小さくても筆圧が濃かったり，付加物を加えて密度が高かったりする場合は，0.5を加算するなど綿密な判定を行ったため，実際には＋1.5や＋0.5，－0.5と判断されたものがかなりあった。
　エネルギー水準と各分析項目の相関については，人の動きに関わる「家に寄りかかっている」が強い相関，「ドアに手を触れている」「走っている」は弱い相関であった。また，描画サイズに関わる「田畑」「家の面積」が弱い相関，それに対して「描画サイズが4分の1」は強い逆相関であった。絵の密度に関わる，明細化に関連した「ポスト」「表札」は弱い相関，逆に「主要人物の顔がない」は強い逆相関を示した。さらに，自信のなさやうつ状態を反映するといわれる「影」や，浮遊感を伴う「人の浮き上がり」と逆相関を示したことも興味深い結果であった。
　なお，今回の分析項目のなかに描線の濃淡に関する項目が入っていなかったので，相関性を確認することができなかったが，もし入っていたならば，かなり高い相関性を示したものと思われる。

③ **自己評価**
　自己評価の判定に際しては，人物自体の大きさに加えて，家や木などとの大きさのバランス，人物像の明細化や装飾化，その逆の曖昧な描写や簡略化などを手がかりとした。以下がその判断基準で，それぞれ代表的な描画を絵103〜107に示した。

　＋2：人物像が他に比べて極めて大きく，なおかつ過剰に装飾して描いている。
　＋1：家に比べると人間像が過大に描かれている。

第 3 章　S-HTP の標準化に向けての試み　119

絵 103　（自己評価 +2）

絵 104　（自己評価 +1）

絵 105　（自己評価 0）

絵 106　（自己評価 −1）

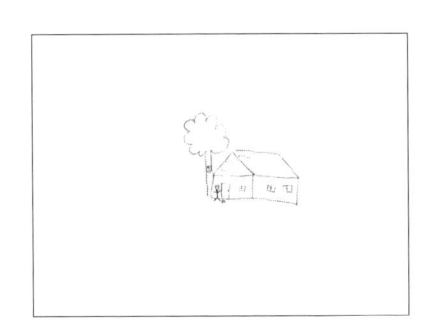

絵 107　（自己評価 −2）

0：人物がほぼバランスよく，普通に描かれている。
　－1：人は簡略化されてはいないが，小さく描かれている。
　－2：人が簡略化されて，なおかつ極めて小さく描かれている。

　この評定に関しても，人物の大きさ・他とのバランス・明細化などが微妙に絡むため，0.5刻みの評定となり，＋0.5や－0.5もかなり見られた。ただし，＋1と＋2の差はそれほど大きくないため，＋1.5を付けたものはほとんどなく，＋2は238枚中2枚見られただけである。
　以上のように評定した自己評価と相関のあった分析項目は，人の大きさに関わる「背丈」「人が過大」が強い相関，「主要人物の顔あり」が弱い相関で，逆相関については「描画サイズが4分の1」と「人物の記号化」が強い逆相関，「主要人物を簡略化」「人が家の中だけにいる」が弱い逆相関を示した。また，「家の上にいる」「仕事をしている」人を描いた場合，解釈上は自己評価が高いように思われるが，実際の分析結果が逆相関を示したのは，人間像をそのように描写する場合に小さくなりがちであることが影響したものと思われる。性別の「同性」が弱い逆相関を示したことについては，特に妥当な説明は思い当たらない。

④ 内的豊かさ
　「内的豊かさ」に関しては，「エネルギー水準」が主に量的な要素に依拠するものであるのに対して，こちらは質的な要素を重視したもので，課題以外の付加物の有無や全体的なストーリー性などによって判断する。それぞれの代表的な描画を絵108〜112に示した。それぞれの判断基準は以下のとおりである。

　＋2：さまざまな付加物が描きこまれ，全体的にストーリー性もある。
　＋1：付加物かストーリー性かのいずれかが見られる。
　　0：課題だけが描かれているが，個々のものはしっかりと充実して描かれている。
　－1：課題のみで，一部に簡略化が見られる。

第3章 S-HTP の標準化に向けての試み 121

絵108 （内的豊かさ +2）

絵109 （内的豊かさ +1）

絵110 （内的豊かさ 0）

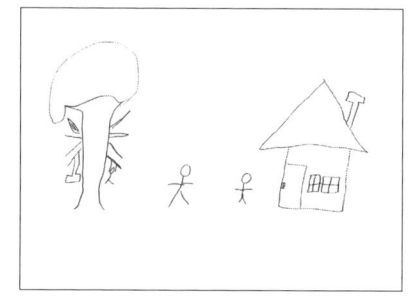

絵111 （内的豊かさ -1）

絵112 （内的豊かさ -2）

−2：課題のみで個々の描き方も簡略化されている。

　この内的豊かさと分析項目との間の相関については，強い相関は認められなかったが，弱い相関としては，絵に多様性や深みを与えるような「遠近感」「陰」「付加物」，具体的な付加物としては「山」「囲い」「門」「田畑」などが見られた。また，ストーリー性があるか否かに関わるものとして「運動描写」，具体的には「家から遠ざかる」「木に寄りかかっている」「遊んでいる」など，さらに人と人との相互関係に関わる「人が家の中と外にいる」「人の向きが混合」，家の明細化に関わる「屋根の模様」「ポスト」「表札」「家が画面からはみ出している」などに正の相関性が認められた。

　逆相関としては，「人の浮き上がり」が強い逆相関，「人が正面向き」「人が過大」「ドア・窓，または窓がない」が弱い逆相関を示し，いずれも柔軟性を欠いた，貧困な描写につながるような描画特徴である。

⑤ 安定性

　安定性の判断に際しては，筆圧のムラの有無，地面の有無，描かれた形体自体の安定感などが手がかりとなった。全体的にほぼ安定感があるものを 0 として，この尺度に限ってはそれ以上の +1 や +2 の判断は行わずに，−1 と −2 のマイナスの判断のみを行った。実際の判定は 0.5 刻みで行ったため，−0.5 や −1.5 としたものも多かった。それぞれの代表的な描画を絵 113 〜 115 に示した。

　　0：全体的にほぼ安定感があるもの。
　−1：形体か筆圧のいずれかが不安定なもの。
　−2：形体も筆圧も目立って不安定なもの。

　安定性と各分析項目の相関は，「門」と「家から遠ざかる」の 2 項目に強い相関が認められたのみで，あとは「ドアに手を触れている」「家の上にいる」「シルエットのみの人」「主要人物の簡略化」「手なし」「足なし」「ドア・窓あるいは窓なし」「枝直交」「説明書き」に弱い逆相関が認められた。このうち，

第3章 S-HTPの標準化に向けての試み 123

絵113（安定性 0） 　　　　絵114（安定性 −1）

絵115（安定性 −2）

「シルエットのみの人」「主要人物の簡略化」「手なし」「足なし」「ドア・窓あるいは窓なし」「枝直交」「説明書き」などの項目は，いずれも何らかの不全感を示す項目ではあるが，全体的に相関性を示した項目数は少なく，意味のある項目も少なかった。それは，今回の対象者が一般の小学生に限定されたために，あまり不安定な絵が見られなかったためと思われる。研究会において事例検討に出された絵は，かなりマイナスに評定されたものが多かったので，この尺度に関しては問題事例を多数含めての検討が必要と思われる。

⑥ 社会性

「社会性」についての判定は，人を何人描いているかと，ドアや窓など開口部があるかどうかを手がかりとして行った。その判断基準は以下のとおりであり，0.5刻みで行った。それぞれの代表的な描画を絵116～120に示した。

＋2：街並みが明確に描かれ，その中で三人以上の人物がしっかりと描かれている。
　＋1：人物が二人交流して描かれているか，三人が交流なく描かれている。
　　0：人物が一人で，家の窓とドアが描かれている。
　－1：人物が一人で，家の窓かドアが描かれていない。
　－2：人物が一人で，現実的な家が描かれていない。

　ただし，絵120のように－2の判定となったのはごくわずかであった。
　この「社会性」と相関があった分析項目は，「人数」が強い相関性を示したのは当然として，他にも「人が家の中と外にいる」「人の向きが混合」「遊んでいる」が強い相関性を示し，「運動描写」，特に「人が家から遠ざかっている」「木に登っている」などが弱い相関性を示した。いずれも人の数や動きに関わる項目である。それに対して，当然のことながら「人が家の中にいる」は弱い逆相関を，他にも「人が正面向き」「人の浮き上がり」が弱い逆相関を示した。
　以上，すべて相関性を示したのは人に関する項目であり，意外にも家の窓やドアなどの開口部に関する項目との相関性は特に認められなかった。それは，そもそも一般の小学生の絵では，ドアや窓がない絵は少ないせいであったと思う。これも問題事例を含めた再検討が必要であろう。

⑦ 学年

　今回，「発達レベル」についての判定を避けたのは，まず各学年の標準的な描画特徴を明らかにしない限り難しいのではないかということで，あいまいなまま無理に行うよりも次の課題として残すことにしていた。ただし，「発達レベル」に相当する「学年」と分析項目との相関性については，以下のような結果を得た。
　まず，強い相関が見られたのは「田畑」と「描画サイズが4分の1」，弱い相関は「陰」「山」「運動描写」「ひざあり」「壁の数」「家が横長」「表札」などであった。これらは，確かに統合性や遠近感，写実性が増すのにしたがって見られるようになる特徴である。また，「描画サイズが4分の1」と同様に

第3章 S-HTPの標準化に向けての試み 125

絵116 (社会性 +2)

絵117 (社会性 +1)

絵118 (社会性 0)

絵119 (社会性 -1)

絵120 (社会性 -2)

思春期の心性として見られるようになる「枯れ木」「枝が単線」など，何らかの自信のなさ，不全感などを表す項目にも弱い相関性が認められた。

それに対して，「太陽」「擬人化」「人が正面向き」「家が縦長」「上方直閉幹」など観念画期の絵によく見られる特徴や，「手なし」「足なし」「首なし」「短すぎる腕」「記号化」「人の浮き上がり」など未完成やバランスの悪さなどに関わる項目で，弱い逆相関が認められた。

以上の項目は，今後，発達的なレベルを考えていくうえで，重要な手がかりになるものと思われる。

3. 各チェック項目による評定

今回の分析対象が一般の小学生に限定されてしまったために，各チェック項目に該当する絵が少なく，残念ながら，統計的な分析はできないままに終わった。しかし，参考のために各チェック項目の出現数を，一般の小学生の絵238枚と2年目の研究会で出された事例28枚に分けて表3-4に示した。

これを見ると，「妄想的」はどちらも0になっている。成人を対象とした結果表では，特に統合失調症患者などの場合，何らかの奇妙な描写が見られると「妄想的」にチェックを入れることにそれほど迷いがないが，子どもの場合は空想世界を描いていたり，発達的な遅れを反映したりする場合があるため，必ずしも「妄想的」とはいえない。そのことが，実際のチェック段階で改めて認識された。そのため，「妄想的」という意味付けした言葉は避けて，「奇妙さ」というより客観的な言葉に変えた。そうしたところ，一般群には8枚，事例群には10枚認められた。

また，2年目の事例研究のなかで，特に性的虐待を受けていた子どもに，性的シンボルと思われる描写が目立った。そのため，それも新たなチェック項目として加えることになった。それゆえ表3-4には，最初に設定された9項目だけでなく，新たに「奇妙さ」と「性的」というチェック項目も加えている。以下がそれぞれのチェック項目の判定基準である。

表3-4 各チェック項目の出現数

	人数	攻撃的	防衛的	妄想的	衝動的	強迫的	不安感	緊張感	美化	内閉的	奇妙さ	性的
一般	238	10	3	0	8	9	0	0	0	10	8	0
事例	28	5	4	0	7	2	2	5	4	8	10	4

① 攻撃的

　当然のことながら攻撃的な場面や破壊的な場面が描かれている場合は、ここにチェックが入れられるが、その他にも絵121と122のように、攻撃的な虫や動物が描かれていたり、鋭利な枝や草などの描写が見られたりする場合にもチェックされる。この「攻撃性」は、一般の児童の絵にも「内閉的」と同様に最も多く見られた特徴で、この項目は必要不可欠なものと思われる。

絵121　　　　　　　　　　絵122

② 防衛的

　絵123と124のように、開口部が小さく、なおかつドアに鍵穴やのぞき穴などが明確な形で描かれている場合にチェックされた。この特徴は、今回初めて加えた項目だが、どちらの群にもそれほど多くはないが、出現した場合はかなり目立つ明確な特徴でもあるので、今後も入れておいてもよい項目ではないかと思う。

絵123   絵124

③ 妄想的

　前述のように，子どもの場合は判断に迷う場合が多いため，これはチェック項目からはずしたほうが無難と思われた。

④ 衝動的

　絵125と126に示すように，木が黒塗りされていたり，うっそうとした樹冠が描かれていたり，画面からはみ出すように描かれていたりする場合にチェックされる。絵126などのような描写は，攻撃性に入れるか衝動性に入れるか迷うことがあるが，この場合は鋭利な枝は攻撃性として，大きく広がった樹冠は衝動性としてダブルチェックしている。これは今回新たに加えた項目で，攻撃性との判別にやや不明確さは残るが，両群に比較的多く認められた項目でもあり，今後も残しておいてさらに検討したい項目である。

絵125   絵126

⑤ 強迫的

　絵127と128に示すように，葉や草，瓦などを一枚ずつ細かく丹念に描いている場合にこの項目がチェックされる。今回新たに加えた項目で，事例群よりも一般群のほうに多く認められた特徴である。また比較的容易にチェックしやすい項目でもあるので，今後も残しておいていい項目と思われた。

絵 127　　　　　　　　　　　絵 128

⑥ 不安感

　実際に不安感にチェックが入れられていたのは絵129と130に示す事例群のなかの2枚のみで，それも改めて見ると必ずしも明確にそういえるものではなかった。思春期以降，特に成人の描画においてはあまり迷わずにチェックが入れられる項目であるが，子どもにおいてはほとんど該当する絵が見当たらなかったのは，発達的にまだ「不安感」という漠然とした感情を表現するまでには至っていない，ということかもしれない。それゆえ児童を対象とする場合は，この項目をはずしたほうが無難と思われた。

絵 129　　　　　　　　　　　絵 130

⑦ 緊張感

　絵131と132のように，全体的に筆圧の強さや黒塗りが目立つ絵である。このチェック項目と攻撃性や衝動性とは判別が難しい場合があるが，攻撃性は攻撃的な場面や虫，動物，尖った枝や草などの描画内容から判別することが多く，衝動性は「内的自己像」として見られる木の描き方から判断されることが多い。それに対して，緊張感は筆圧が強かったり黒く塗りこめられているなど筆のタッチから判断することが多い。それゆえ，しばらくの間，別項目でチェックしてみて，それぞれチェックされたものが確かに被検者の緊張感や攻撃性，衝動性を反映するかどうかを，統計的にも確認していく必要があろう。

絵 131　　　　　　　　絵 132

⑧ 美化

　絵133と134に示したように，過剰に人間像や家屋を飾り立てて描いたり，草花や動物などを入れて楽しげに描いたりした場合にチェックしたものである。一般群でそのような絵が描かれた場合は特にチェックすることはなかったが，事例研究会のなかで，特に被虐待児の絵のなかに目立ったために，念のため新たな項目として設定した。その結果，4例がチェックされた。出現数はそれほど多いわけではないが，「美化・否認」という防衛機制からするならば，やはり着目すべき項目と思われる。

第 3 章　S-HTP の標準化に向けての試み　131

絵 133　　　　　　　　　　　　　　絵 134

⑨ 内閉的

　絵 135 と 136 に示した開口部が小さかったり無かったり，人が家の中だけに描かれている場合に，チェックが入れられた。この項目は「社会性」の尺度とも関連があり，また「防衛的」というチェック項目との判別が紛らわしいケースもある。前述のように，「防衛的」とチェックされるのは，鍵穴の描写など，より積極的な警戒心が表れている場合であるが，「内閉的」は一般群にも比較的見られる特徴で，他者との交流を回避しがちな傾向をもう少し幅広く拾う意味がある。今後もチェック項目として残しておいて，「社会性」尺度や「防衛的」チェック項目との異同を検討すべきと思われた。

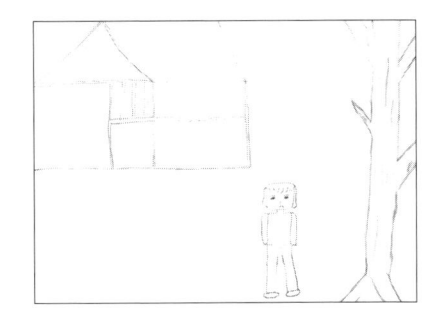

絵 135　　　　　　　　　　　　　　絵 136

⑩ 奇妙さ

　絵 137 と 138 に示したように，空洞の目や，家の描き方の特異性，大きさの極端なアンバランスなど，明らかに奇妙な描写が気になった場合にチェッ

132

クを入れた。成人の結果表では，「現実検討力」という尺度や「妄想的」というチェック項目で示されていたものである。先述したように，児童の場合は発達レベルや空想などさまざまな要素が絡むために，解釈的な言葉よりも客観的な言葉に置き換えてチェックしたものである。両群ともにかなり多く見られた項目で，それが成人と同様に何らかの病的兆候を示すものかどうかは，今後，さらに検討していく必要がある。

絵 137

絵 138

⑪ **性的**

　絵 139 や 140 に示すように，明らかに性的シンボルと思われるような描写が，特に性的虐待を受けた子どもの絵に見られた。それは，越智の研究結果（越智，2003）でも明らかにされていたとおりである。その数はそれほど多いわけではないが，出現した場合には背景に性的虐待の事実が隠されている可能性が高いので，今後も注目すべきチェック項目と思われた。

絵 139

絵 140

4. S-HTP 評定用紙全体に関する考察

　以上，各尺度やチェック項目ごとの検討を行ってきたが，最後にこの評定用紙全体に関する考察を行っておきたい。
　まず，尺度に関しては，「統合性」と逆相関を示した「自己評価」について，今後どのように判定したらよいかという問題がある。前述のように，人物像が過大に描かれると「自己評価」は高くなるが，「統合性」は大きさのバランスが悪いという意味で，評価が下がってしまい，逆相関になるという問題である。それ以前に，成人の場合は人間像を過小に描くと「自信喪失」，過大に描くと「自信過剰」として解釈するが，児童のうち，特に低学年の観念画期にある児童は，全般的に人間像を過大に描く傾向がある。それをそのまま「自信過剰」として判断していいのかどうか，という問題もある。それらを考え合わせるならば，この「自己評価」を新たな尺度として加えておくよりは，たとえば「自信のなさ」などのチェック項目として入れておくので十分なのではないか，と思われた。
　また，「安定性」の尺度に関しても，実際に評定してみると，安定性のあるものを 0 として，それを基点として不安定なものをマイナス評価するために，0 から −2 の間での評価になるという結果になった。それゆえ，これについても尺度として評定するよりも，チェック項目に「不安定」という項目を入れておく程度でもよいように思われた。それに関連して，すでに「不安感」のチェック項目の検討において述べたように，「不安感」のチェックは児童においては難しく，ほとんどチェックされなかったことも考え合わせるならば，「不安感」の代わりに「不安定」というチェック項目を入れたほうが，より客観的なチェックができるように思われた。
　以上をまとめると，評定尺度は「統合性」「エネルギー水準」「内的豊かさ」「社会性」の四つの尺度と，今回の検討からははずした「発達レベル」が最終的に残った。このうち，「内的豊かさ」については，「統合性」との高い相関性を示し，分析項目との相関性もほとんどが統合性と同じ結果となり，なおかつ「エネルギー水準」や「社会性」とも相関を示しているという結果から，独立した尺度としてあえて残すべきかどうか，今後もさらに検討すべき課題

である。しかし，現段階ではそれなりの意味を持つ尺度として，残しておいてもよいのではないかと思う。

　以上のように見てくると，「エネルギー水準」「内的豊かさ」「社会性」，そして「発達レベル」に相当する「学年」のすべての尺度が，「統合性」とプラスの相関性を示しているということで，改めてこの「統合性」尺度が「総合的評価」として考えられるのではないかということが浮上する。現段階では一応残しておくとして，今後，あえて判断が困難な「総合的評価」を尺度として加えるかどうかは検討すべき課題である。

　一方，チェック項目に関しては，「攻撃的」「防衛的」「衝動的」「強迫的」「緊張感」「内閉的」「美化」は残し，「妄想的」の代わりに「奇妙さ」を，「不安感」や「安定性」尺度の代わりに「不安定」を入れる。また，「自己評価」尺度に代えて，「自信のなさ」というチェック項目を入れる。以上の10項目に，新たに「性的」というチェック項目を入れて，計11項目を当面のチェック項目として採用することになった。その結果，今のところ，残った評定尺度とチェック項目をまとめるならば，表3-5のようになる。

　以上のような評定用紙を考えるためには，研究会における事例検討が大変参考になったが，今回の統計的な分析においては，残念ながらそれらのケースを除外せざるを得なくなり，対象者が一般の小学生に絞られた。そのために，どうしてもデータはプラス方向に偏りがちになってしまった。今後，改めてさまざまな問題事例を対象とした分析が可能になるならば，尺度データはより広く分散し，チェック項目も統計的な分析が可能となって，より有効な結果が得られるものと思う。そういう意味では，上記の結果は標準的な評定用紙を作成するための第一歩としてご覧いただき，今後さらにさまざまな観点から検討を加えていただければ幸いである。

表3-5　S-HTP 評定用紙（2014年現在）

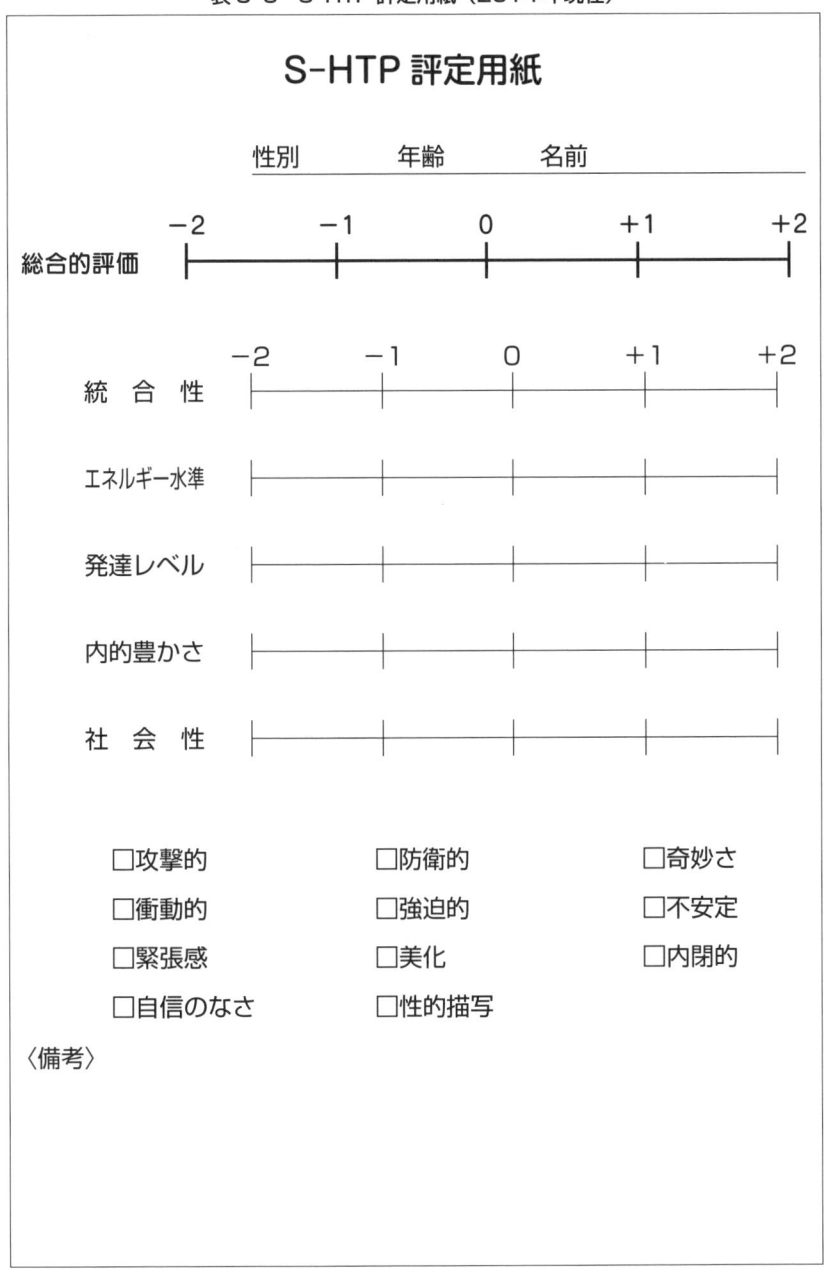

S-HTP 評定用紙

性別　　　年齢　　　名前

総合的評価　-2　-1　0　+1　+2

統合性　-2　-1　0　+1　+2

エネルギー水準

発達レベル

内的豊かさ

社会性

- □攻撃的　　□防衛的　　□奇妙さ
- □衝動的　　□強迫的　　□不安定
- □緊張感　　□美化　　　□内閉的
- □自信のなさ　□性的描写

〈備考〉

Part2. S-HTP における発達的要素・環境的要素・個人的要素の分析

1. 研究の概略

　先の研究では,本来あるべき描画発達を示した 1981 年の小学生の S-HTP 画に絞って分析を行った。しかし,次の研究では 1997〜99 年の小学生の S-HTP 画もすべて含めて,これまで小学校において S-HTP を集団で実施してきた小学 1〜6 年生までの児童,1981 年の 238 名,1997 年の 178 名,1998 年の 191 名,1999 年の 181 名の計 788 の絵を分析対象とする (5 ページの表 1-1 参照)。4 群を合計した 788 名の学年別,項目別の出現率は,参考のため巻末資料 E に示した。また,項目別にロジスティック回帰分析によって,学年による有意差と年度による有意差とを明らかにした結果をまとめたのが巻末資料 F である。これら全項目のうちで,(1) 学年と年度の両方に有意差が認められた項目,(2) 学年にのみ有意差が認められた項目,(3) 年度にのみ有意差が認められた項目,(4) どちらにも有意差が認められなかった項目について,それぞれ表 3-6 にまとめた。

　学年間の有意差と描画テストを実施した年度間の有意差が両方とも認められた項目が 29 項目,学年による有意差のみが認められた項目が 11 項目,年度間の有意差のみが認められたのが 13 項目,どちらにも有意差が認められなかった項目が 44 項目となった。以上のうち,発達的指標になり得るものは,学年間の有意差が認められた (1) と (2),環境的な影響と考えられるものは,年度によって有意差が認められた (1) と (3) と考えられる。さらに,どちらにも有意差が認められなかった (4) については,発達的な影響も環境的な影響も受けなかったものとして,個人的な特性を示す項目と考えられる。以上の仮説に従って,それぞれについて考察を加えたい。

表3-6 有意差が認められた項目

(1) 学年と年度の両方に有意差が認められた項目	
●統合性***, ***	●首なし***, ***
●遠近感***, ***	●短すぎる腕***, ***
●山**, *	●人の浮き上がり**, ***
●雲***, ***	●壁の形***, ***
●太陽**, ***	●屋根の模様***, ***
●動物**, ***	●煙突*, ***
●虫**, *	●枯れ木***, *
●絵全体の現実性***, ***	●樹皮***, ***
●キャラクター・擬人化以外の非現実的描写***, ***	●上方直閉幹***, *
	●下方直閉幹**, *
●人物が過大***, ***	●幹下縁立*, ***
●人物の記号化***, ***	●枝描写***, ***
●簡略化した人物の顔がない***, ***	●実のある木**, *
●ひじあり***, ***	●樹冠がなく葉のある木***, ***
●ひざあり***, **	●定規の使用***, ***
	(以上, 29項目)

(有意差についての*印は, 左が学年別, 右が年度別の有意水準を表す)

(2) 学年にのみ有意差が認められた項目	
●道***	●人が遊んでいる***
●囲い**	●ドア・窓*
●魚***	●カーテン*
●池**	●木の数*
●人が木に登っている**	●全枝先直***
●人が歩いている**	(以上, 11項目)

(3) 年度にのみ有意差が認められた項目	
●付加物**	●頭部が4等身より大***
●草花**	●ベランダ**
●ツリー*	●雨樋*
●キャラクター***	●枝直交*
●人数*	●うず**
●運動描写**	●説明書き***
●シルエット**	(以上, 13項目)

(4) どちらにも有意差が認められなかった項目	
●描線 ●描画サイズ（全体で4分の1以下，HTPで4分の1以下） ●陰影（陰と影） ●付加物（門，鳥，蝶，乗り物，川，田畑，虹，踏み石） ●木の中の動物 ●擬人化 ●人と家の関係（家の中にいる，中だけ，中と外，家から遠ざかる，ドアに手を触れている，家を見ている，家へと歩いている，家の上にいる，家に寄りかかっている） ●木と人との関係（木に接している，木に寄りかかっている，木にぶら下がっている，木を見ている）	●人の向き ●運動の内容（座っている，走っている，仕事している） ●主要人物の顔の省略 ●手なし ●足なし ●家の軒数 ●壁の数 ●家の付属物（アンテナ，呼び鈴） ●枝単線 ●枝幹単線 ●根 ●樹冠内に葉のある木 ●切り株 （以上，44項目）

$(*：p<.05, **：p<.01, ***：p<.001)$

2. まとめと考察

1) 発達的な指標と考えられる項目

　まず，発達的な指標として考えうる(1)と(2)の項目を合わせると，次のような特徴が見られた（それぞれの出現率に関しては，巻末資料Eを参照）。

　「統合性」については，学年が上がるにつれて明確な有意差を示して，大きな発達的な指標となることが，このPart 2でも確認された。巻末資料Eの数値を参照するならば，「媒介による統合」が学年が上がるにつれて69.7％から17.1％に下がり，「明らかに統合的」が0％から12.9％に上がるという具合に，統合性が増していく。また「遠近感」についても，大きな有意差を示し，「直線重なりなし」が学年が上がるにつれて，26.8％から8.6％に下がる一方，「遠近感・中」は1.4％から32.1％へ，「遠近感・大」が0％から5.0％という具合に，発達にしたがって絵は遠近感を増す。この「遠近感」に関わる「山」「道」「囲い」などの付加物も有意差を示し，高学年で増加する。

また，それぞれの課題の明細化に関わる項目である，人の「ひじ」「ひざ」「首」，家の「ドア・窓」「屋根の模様」「煙突」「カーテン」，木の「樹皮」「枝」「実」「葉」などが，高学年になるにしたがって多くなる傾向が見られた。さらに，「過大な人」や「短すぎる腕」などのバランスの悪い描写や，「上方直閉幹」や「下方直閉幹」「全枝先直」などの図式的な樹木の描写は，発達につれて少なくなっていくことが明らかとなった。

以上の項目は，いずれもこれまでの研究では，子どもの絵が観念画期から写実画期へと変わっていくという特徴に合致する結果である。

一方，「絵全体が現実的」や「キャラクター・擬人化以外の非現実的描写」で学年別の有意差が出ているが，実際の出現率を見ると必ずしも学年が上がるにつれて，現実的な描写が増えているとはいえない。それは，1997～99年の群において，非現実的な描写が，低学年では12.7％であったのに対して，高学年では13.5％とむしろ上がっており，「キャラクター・擬人化以外の非現実的描写」についても，8.5％から16.2％に上がっているという結果を受けてのことと思われる（三沢，2002）。これらの項目は，年度別でも大きな有意差を示していることから，学年差よりも年度差の影響が大きいものと思われる。

また，学年別で有意差を示した項目のなかで，高学年になるにしたがって有意に減少する項目としては，「雲」や「太陽」「虫」「煙突」などが，中学年で有意に一時的に増える項目としては「動物」「人が遊んでいる」「実のある木」「樹冠内に葉のある木」などが確認された。

一方，従来いわれてきた発達的な変化とは別に特異な描き方として，たとえば「人の記号化」やそれに伴う「顔のない人」，それに「枯れ木」「定規の使用」などの項目が，高学年になるにつれて有意に増加した。これらは，かつては思春期の不全感や自信のなさを示す特徴として，中学・高校になって多く見られた特徴であるが，今回，小学校高学年で有意に多くなっているのは，1997～99年の時代的影響をかなり強く受けた結果と思われる。

なお，Part 1 では従来の研究でいわれてきた描画発達を明確に示していた1981年の描画だけに絞って分析したが，Part 2 では1997～99年度の結果もすべて含めて分析した。その結果，Part 1 の対象者238名に対して，Part 2

では対象者が 788 名となったために，Part 1 では学年との相関を示した項目が 24 項目であったのに対して，Part 2 では有意な学年差を示した項目数は 40 項目と多くなった。そのうち，両者ともに有意な結果を示した項目は，「統合性」「遠近感」「山」「運動描写」「ひざあり」「家が横長」「記号化」「枯れ木」（以上，高学年になるにつれて出現率が上がる），「太陽」「首なし」「短すぎる腕」「人の浮き上がり」「家が縦長」「上方直閉幹」（以上，高学年になるにつれて出現率が下がる）の 14 項目であった。両者の分析対象の違いを含めて考慮したとしても，これらの項目は，現在の児童にも適用しうる確かな発達的指標と考えてよいように思う。

2）環境的な指標と考えられる項目

前述の仮説のなかで，年度によって有意差を示した項目 (1) と (3) とが，環境的な変化を反映した項目と考えられる，と述べた。このうち (1) の 29 項目については，学年差も認められたけれど，年度差もあったもので，1981 年と 1997〜99 年の間で，それぞれの学年差の度合いが異なった項目であるともいえる。まず，先の研究結果を見ながら，それらを確認しておきたい。

これら 29 項目のうち，前回の研究（三沢，2002）で，1981 年にのみ低学年と高学年の有意差が見られたのは，「太陽↓」「ひざあり↑」「首なし↓」「屋根の模様↑」「枯れ木↑」「枝描写↑」（注：↑は学年が上がるにつれて出現率が高くなり，↓は低くなる）の 6 項目で，これらは 1981 年のほうが明らかに学年差が大きかったものといえる。

それに対して 1997〜99 年にのみ低学年と高学年の有意差が認められていたのは，「虫↓」「キャラクター・擬人化以外の非現実的描写↑」「人物の記号化↑」「簡略化した人物の顔がない↑」「人の浮き上がり↓」「下方直閉幹↓」「定規の使用↑」の 7 項目で，これらは 1997〜99 年の学年差のほうが明らかに大きかったといえる。

また，先の研究でどちらも一応低学年と高学年との間で有意差が認められていたが，1981 年のほうがより差が大きかったものは，「統合性↑」「遠近感↑」「人物が過大↓」「ひざあり↑」「短すぎる腕↓」「壁の形（横向き）↑」「煙突↓」「樹皮↑」「実のある木↓」などで，逆に 1997〜99 年のほうが目

立って差が大きいというものは，特になかった。

　以上の結果を見るならば，1981年のほうがより学年差を示した項目数が多いし，その項目内容も観念画期から写実画期へと移行していくのを反映したものであった，といえる。それに対して，1997～99年にのみ学年差が見られた項目は，むしろ特異な内容である。

　一方，(3)の年度差のみが認められた13項目について特徴的なのは，1981年に比べて1997～99年の群が，付加物や人をより有意に多く描いていることである。「付加物あり」が，1981年は低学年89.5％，高学年85.1％に対して，1997～99年はそれぞれ93.7％と95.9％，また「人が3人以上」が，1981年の低学年27.4％，高学年24.6％に対して，1997～99年はそれぞれ28.5％，38.0％という結果であった。ただし，それぞれの明細化は1981年のほうが優れていて，「人の運動描写」や家の「ベランダ」「雨樋」，木の「うず」などの描写が1981年に有意に多く見られ，逆に，「頭部が4頭身より大」や「キャラクター」「シルエットのみの人」「枝が直行」「説明書き」などの特異な表現は，1997～99年の群に有意に多く見られた。総じていうならば，1997～99年の群はたくさんの物を描こうとするが，一つひとつの物は粗雑に描く傾向があるのに対して，1981年は描かれている物の数は少ないが，それぞれを丁寧に描くという傾向が見られた。

3) 個人的特性の指標と考えられる項目

　最後に，学年でも年度でも有意差が認められなかった44項目について考えてみたい。この(4)は一見，意味ある結果が得られなかった項目と思われそうだが，逆に発達の影響も環境の影響も受けない，より個人的な特質を表す可能性がある項目として，非常に重要な意味を持つかもしれない。

　実際に，この(4)に分類された項目は，「描線」「描画サイズ」「陰影付け」「付加物」「人と家の関係付け」「人と木の関係付け」「人の向き」「運動内容」「家の軒数」「家の付属物」「根や葉の表現」など，これまでの研究のなかでは，パーソナリティの特性を読み取るうえで，重要な手がかりと考えられてきた項目である。

　また，「主要人物の顔の省略」「手なし」「足なし」「枝単線」「枝幹単線」「切

り株」などは，いずれも出現率は低かったが，何らかの問題を示すサインとして，これまでの研究においても重要視されてきた。

　以上のように，学年においても年度においても有意差が認められなかった(4)の項目は，今後，年齢や環境の影響を超えて，個人的な特性を反映する項目と考えられるかどうか，さらなる検討が必要であろう。

Part3. 全体のまとめと今後の課題

　以上，S-HTP の結果をより簡便かつ客観的に読み取るために，S-HTP 評定用紙を作成するための端緒としての研究を行った。

　具体的には，児童相談所心理判定員 14 名との共同研究によって，80 枚の描画を分析検討した結果，暫定的な評定用紙を作成した。そして，そこに含めた尺度やチェック項目がどのような描画特徴から判断されるか，その判定基準を明らかにし，最終的にそれぞれの採否を検討するために，1981 年の小学生（従来の研究で示されてきた発達的な変化を明確に示していた群）に実施してきた S-HTP の分析結果と照合した（Part 1）。また，これまで随時小学生に実施してきた全 S-HTP 画を対象として，学年差と年度差が見られる項目を統計的に明らかにすることによって，描画の発達的要素と環境的要素，それに個人的特性とを判別する手がかりを求めた（Part 2）。それらの結果をまとめると，以下のようになる。

(1) はじめに暫定的に作成した評定用紙においては，−2 から +2 までの 5 段階の尺度として，「統合性」「エネルギー水準」「発達レベル」「自己評価」「内的豊かさ」「安定性」「社会性」の 7 尺度を設定したが，それぞれについて検討した結果，「自己評価」と「安定性」については尺度よりも，「自信のなさ」や「不安定」というチェック項目に置き換えたほうがよいものと思われた。

(2) チェック項目については，はじめ「攻撃的」「防衛的」「妄想的」「衝動的」「強迫的」「不安感」「緊張感」「美化」「内閉的」の 9 項目を設定していたが，それぞれについて検討した結果，「妄想的」は「奇妙さ」に，「不安感」は「不安定」へと，より客観的な描画特徴を示す項目に置き換えて，それに「自信のなさ」「性的描写」を加えて，計 11 項目が今後検討すべきチェック項目として残った。

(3)「発達レベル」についての判定は，発達段階ごとの標準的な描画を明らかにしなければできないために，今回の研究からは除外した。ただし，Part 1 では学年との相関を示した 24 項目が，Part 2 では学年差を示した 40 項目が，今後，発達レベルを評定するうえでの手がかりとなることが明らかになった。特に，どちらの研究でも有意な結果が得られた 14 項目については，今後，発達的な指標としてかなり有効になるものと思われた。

(4) 暫定的な評定用紙のなかには，一応「総合的評価」尺度も入れていたが，「発達レベル」の判定と同様に実際の判定は困難で，これも今後の課題として残った。ただし，「統合性」の判定は，最終的に残された他の 4 尺度すべてと相関性を持ち，「総合的評価」に準ずる尺度であることが確認された。

(5) Part 2 において行った年度差と学年差を統計的に分析した結果，学年差と年度差の両方が認められた項目が 29 項目，学年差のみが認められた項目が 11 項目，年度差のみが認められたのが 13 項目，どちらにも有意差が認められなかった項目が 44 項目となった。これらの項目は，今後，S-HTP 画における発達的要素と環境的要素，それに個人的要素を判読するうえで，大いに参考になるものと思われた。

　今回，初年度の研究会で検討された事例は評定用紙を作成するうえで大いに参考となったが，実際の統計的な分析においては使用できなかったために，十分有効な結果が出せなかったことは大変残念であった。ただし，今回の研究結果は，子どもの S-HTP を判定するためのより簡便で客観的な評定用紙を作成するうえで，貴重な資料となりうるものと思われた。臨床現場でのさらなる検討を期待したい。

巻末資料

資料A　過去と現在の幼稚園児の絵の比較

分析項目		出現率 (%) 過去群 81名	出現率 (%) 現在群 121名	χ^2 値
〈全体〉統合性	羅列的	0.0	3.3	.098
	やや羅列的	6.2	26.4	.001 ***
	媒介による統合	66.7	55.4	.108
	やや統合的	27.2	14.0	.021 *
	明らかに統合的	0.0	0.8	.412
遠近感	判別不能	3.7	10.7	.069
	ばらばら	1.2	7.4	.046 *
	直線（重なりなし）	66.7	40.5	.001 ***
	直線（重なりあり）	17.3	9.1	.083
	ややあり	8.6	28.1	.001 ***
	中	4.9	2.5	.349
	大	0.0	1.7	.245
描線	とぎれのない一本線	98.8	100.0	.220
	とぎれとぎれの一本線	0.0	0.0	－
	複数線	1.2	0.0	.220
	スケッチ風の線	0.0	0.0	－
描画サイズ	全体で4分の1以下	0.0	5.0	.042 *
	HTPで4分の1以下	4.9	14.0	.038 *
陰影付け	陰	0.0	0.0	－
	影	0.0	0.0	－
付加物	あり	64.2	76.0	.068
付加物の内容	山	1.2	3.3	.353
	川	0.0	0.0	－
	道	1.2	4.1	.234
	草花	21.0	21.5	.932
	囲い	1.2	0.0	.220
	門	0.0	0.0	－
	動物	17.3	15.7	.776
	虫	8.6	13.2	.315
	鳥	6.2	11.6	.198
	乗り物	0.0	8.3	.008 **
	田畑	0.0	0.0	－
	池	0.0	0.0	－
	踏み石	0.0	0.0	－
	雲	34.6	41.3	.334
	太陽	46.9	47.1	.978
地面の描写	なし	64.2	58.7	.431
	部分	3.7	4.1	.878
	全体	32.1	37.2	.458

資料 A（続き）

分析項目		出現率 (%) 過去群	出現率 (%) 現在群	χ^2 値
現実的・非現実的描写	現実的	91.4	75.2	.004 **
	混合	6.2	22.3	.002 **
	非現実的	2.5	2.5	.996
家と人の関連付け	家の中にいる	6.2	5.8	.909
	中だけ	1.2	5.8	.104
	中と外	13.6	8.3	.225
	家から遠ざかる	0.0	0.0	—
	ドアに手をふれている	4.9	0.8	.065
	家を見ている	0.0	0.0	
	家へと歩いている	3.7	0.0	.033 *
	家の上にいる	1.2	0.0	.220
	家に寄りかかっている	0.0	0.0	
木と人の関連付け	木に接している	3.7	0.8	.150
	木に寄りかかっている	1.2	0.0	.220
	木に登っている	1.2	1.7	.810
	木にぶらさがっている	1.2	0.0	.220
	木を見ている	0.0	0.8	.412
特殊な描き方	説明書き	1.2	1.7	.810
	定規使用	0.0	0.0	—
〈人〉人数	1人	53.1	64.5	.106
	2人	30.9	22.3	.173
	3人以上	16.0	13.2	.575
性別	同性	82.7	69.4	.033 *
	異性	3.7	2.5	.615
	両性	4.9	9.9	.199
	判別不能	8.6	18.2	.058
人の大きさ	0〜4 cm	21.0	21.5	.932
	4〜8 cm	32.1	43.0	.120
	8〜12 cm	35.8	16.5	.002 **
	12〜16 cm	7.4	14.0	.145
	16 cm 以上	3.7	4.1	.878
人の向き	正面	87.7	96.7	.013 *
	横向き	4.9	2.5	.349
	後ろ向き	1.2	0.0	.220
	斜め	0.0	0.8	.412
	混合	4.9	0.0	.014 *
	判別不能	1.2	0.0	.220
他とのバランス	明らかに過大	33.3	57.9	.001 ***
運動描写	手が横	22.2	41.3	.005 **

資料A（続き）

分析項目		出現率 (%) 過去群	出現率 (%) 現在群	χ^2 値
	直立不動	37.0	10.7	.001 ***
	簡単な運動	8.6	19.8	.031 *
	明瞭な運動	28.4	19.8	.158
	判別不能	3.7	7.4	.271
運動の内容	座っている	0.0	0.0	—
	歩いている	9.9	8.3	.693
	走っている	0.0	0.0	—
	遊んでいる	14.8	14.9	.990
	仕事している	2.5	0.0	.082
人の簡略化	シルエット	4.9	7.4	.478
	記号化	4.9	10.7	.145
各部の描写	頭>4頭身	42.0	50.4	.023 *
	ひじあり	21.0	5.8	.001 ***
	ひざあり	1.2	3.3	.353
	手なし	24.7	11.6	.021 *
	足なし	17.3	10.7	.181
	首なし	19.8	24.8	.402
	短かすぎる腕	11.1	10.7	.935
〈家〉 軒数	1軒	91.4	96.7	.010 **
	2軒	6.2	1.7	.085
	3軒以上	2.5	1.7	.683
家の大きさ	0〜4cm	1.2	3.3	.353
	4〜8cm	4.9	26.4	.001 ***
	8〜12cm	30.9	33.1	.744
	12〜16cm	32.1	24.8	.256
	16cm以上	29.6	12.4	.002 **
壁の面数	1面	92.6	98.3	.040 *
	不確実な2面	4.9	0.8	.065
	2面平面的	0.0	0.0	—
	2面立体的	1.2	0.0	.220
	3面	1.2	0.0	.220
	判別不能	0.0	0.8	.412
家の形	縦長	69.1	44.6	.001 ***
	正方形	11.1	22.3	.041 *
	横長	17.3	28.1	.077
	混合	0.0	0.0	—
	判別不能	2.5	4.1	.526
家の基線	なし	0.0	0.0	—
	縁立	48.1	32.2	.023 *

資料 A（続き）

分析項目		出現率 (%) 過去群	出現率 (%) 現在群	χ^2 値
	あり	51.9	67.8	.023 *
特殊な家	山小屋風	0.0	0.0	－
	ビル	4.9	6.6	.622
ドアと窓	ドア・窓なし	0.0	6.6	.018 *
	窓なし	14.8	9.1	.209
	ドアなし	4.9	24.8	.001 ***
	ドア・窓あり	79.0	52.1	.001 ***
	判別不能	1.2	1.7	.810
各部の描写	屋根の模様	37.0	29.8	.279
	ベランダ	1.2	0.0	.220
	アンテナ	24.7	1.7	.001 ***
	雨樋	0.0	0.0	－
	煙突	23.5	27.3	.543
	カーテン	8.6	0.8	.005 **
	呼び鈴	0.0	0.0	－
〈木〉 木の本数	1本	90.1	90.1	.992
	2本	6.2	7.4	.729
	3本以上	3.7	2.5	.615
木の大きさ	0〜4cm	1.2	3.3	.353
	4〜8cm	6.2	15.7	.040 *
	8〜12cm	18.5	23.1	.432
	12〜16cm	39.5	27.3	.068
	16cm以上	34.6	30.6	.552
各部の描写	枯れ木	3.7	13.2	.023 *
	樹皮	1.2	3.3	.353
	上方直閉幹	8.6	23.1	.008 **
	下方直閉幹	17.3	21.5	.462
	全枝先直	14.8	19.0	.440
	枝直交	11.1	11.6	.920
	幹下縁立	37.0	21.5	.016 *
	枝描写	32.1	37.2	.458
	枝単線	4.9	8.3	.362
	枝幹単線	0.0	3.3	.098
	根	13.6	12.4	.806
	うず	3.7	0.8	.150
	実のある木	14.8	11.6	.500
	葉のある木	34.6	27.3	.268
	切り株	0.0	0.0	－

（*：$p<.05$, **：$p<.01$, ***：$p<.001$）

資料B　タイと日本（1981年と1997〜99年）の各分析項目の出現率（%）

分析項目		タイ北部・東北部 5年 33名	6年 79名	合計 112名	1981年 長野 5年 37名	6年 39名	合計 76名	1997〜99年 東京 5年 79名	6年 101名	合計 180名
〈全体〉統合性	羅列的	0.0	0.0	0.0	0.0	0.0	0.0	2.5	1.0	1.7
	やや羅列的	0.0	1.3	0.9	0.0	0.0	0.0	8.9	20.8	15.6
	媒介による統合	12.1	1.3	4.5	2.7	5.1	4.1	25.3	21.8	23.3
	やや統合的	84.8	59.5	67.0	78.4	66.7	74.3	59.5	49.5	53.9
	明らかに統合的	3.0	38.0	27.7	18.9	28.2	24.3	3.8	6.9	5.6
遠近感	ばらばら	0.0	0.0	0.0	0.0	0.0	0.0	5.1	6.9	6.1
	直線（重なりなし）	0.0	0.0	0.0	0.0	7.7	4.1	3.8	8.9	6.7
	直線（重なりあり）	9.1	6.3	7.1	13.5	12.8	13.5	24.1	14.9	18.9
	ややあり	9.1	16.5	14.3	27.0	33.3	31.1	38.0	35.6	36.7
	中	60.6	63.3	62.5	59.5	35.9	48.6	24.1	30.7	27.8
	大	21.2	13.9	16.1	0.0	10.3	5.4	5.1	3.0	3.9
描線	とぎれのない一本線	66.7	11.4	27.2	48.6	23.1	36.5	62.0	61.4	61.7
	とぎれとぎれの一本線	0.0	5.1	3.6	2.7	0.0	1.4	1.3	0.0	0.6
	複数線	21.2	15.2	17.0	2.7	12.8	8.1	5.1	11.9	8.9
	スケッチ風の線	12.1	68.4	51.8	18.9	64.1	43.2	31.6	26.7	28.9
描画サイズ	全体で4分の1以下	0.0	0.0	0.0	0.0	2.6	1.4	1.3	1.0	1.1
	HTPで4分の1以下	18.2	12.7	14.3	0.0	0.0	0.0	1.3	3.0	2.2
陰影付け	陰	3.0	5.1	4.5	0.0	5.1	2.7	0.0	2.0	1.1
	影	3.0	0.0	0.9	0.0	2.6	1.4	3.8	3.0	3.3
課題以外の付加物	付加物あり	100.0	97.5	98.2	94.6	79.5	89.2	94.9	93.1	93.9
	付加物の内容									
	山	48.5	48.1	48.2	32.4	7.7	20.3	15.2	14.9	15.0
	道	15.2	27.8	24.1	32.4	15.4	24.3	13.9	17.8	16.1
	草花	87.9	83.5	84.8	35.1	33.3	35.1	44.3	40.6	42.2
	囲い	6.1	15.2	12.5	10.8	12.8	12.2	10.1	9.9	10.0
	門	0.0	2.5	1.8	0.0	5.1	2.7	2.5	0.0	1.1
	雲	72.7	68.4	69.6	18.9	20.5	20.3	34.2	34.7	34.4
	太陽	81.8	63.3	68.8	8.1	7.7	8.1	45.6	37.6	41.4
	動物	24.2	15.2	17.9	16.2	7.7	12.2	30.4	24.8	27.1
	魚	27.3	22.8	24.1	10.8	7.7	9.5	22.8	9.9	15.6
	虫	0.0	5.1	3.6	8.1	17.9	13.5	12.7	7.9	10.0
	鳥	45.5	43.0	43.8	18.9	10.3	14.9	20.3	18.8	19.4
	蝶	6.1	2.5	3.6	0.0	5.1	2.7	11.4	5.0	7.8

資料 B（続き）

分析項目		タイ北部・東北部 5年	6年	合計	1981年 長野 5年	6年	合計	1997〜99年 東京 5年	6年	合計
	乗り物	3.0	5.1	4.5	16.2	15.4	16.2	15.2	14.9	15.0
	川	12.1	13.9	13.4	2.7	0.0	1.4	12.7	7.9	10.0
	田畑	39.4	21.5	26.8	2.7	5.1	4.1	0.0	3.0	1.7
	池	27.3	19.0	21.4	10.8	12.8	12.2	17.7	8.9	12.8
	虹	0.0	0.0	0.0	0.0	0.0	0.0	0.0	0.0	0.0
	ツリー	0.0	0.0	0.0	0.0	0.0	0.0	2.5	0.0	1.1
	踏み石	6.1	8.9	8.0	2.7	5.1	4.1	6.3	1.0	3.3
地面の描写	なし	69.7	53.2	58.0	59.5	64.1	63.5	64.6	73.3	69.4
	部分	6.1	12.7	10.7	16.2	20.5	18.9	8.9	8.9	8.9
	全体	24.2	34.2	31.3	24.3	15.4	20.3	26.6	17.8	21.7
木の中の動物		12.1	12.7	12.5	0.0	0.0	0.0	2.5	1.0	1.7
非現実性 絵全体の現実性	現実的	97.0	97.5	97.3	100.0	100.0	100.0	87.3	62.4	73.3
	混合	3.0	2.5	2.7	0.0	0.0	0.0	7.6	20.8	15.0
	非現実的	0.0	0.0	0.0	0.0	0.0	0.0	5.1	16.8	11.7
	キャラクター	12.1	3.8	6.3	0.0	0.0	0.0	3.8	17.8	11.7
	擬人化	33.3	11.4	17.9	0.0	0.0	0.0	2.5	8.9	6.1
	それ以外の非現実的描写	9.1	3.8	5.4	0.0	0.0	0.0	7.6	20.8	15.0
家と人の関連付け	家の中にいる	6.1	6.3	6.3	21.6	25.6	24.3	17.7	16.8	17.2
	中だけ	3.0	0.0	0.9	5.4	10.3	8.1	3.8	1.0	2.2
	中と外	3.0	6.3	5.4	16.2	15.4	16.2	15.2	15.8	15.6
	家から遠ざかる	0.0	1.3	0.4	2.7	0.0	1.4	0.0	2.0	1.1
	ドアに手を触れている	0.0	0.0	0.0	2.7	0.0	1.4	2.5	0.0	1.1
	家を見ている	3.0	6.3	5.4	13.5	5.1	9.5	1.3	0.0	0.6
	家へと歩いている	0.0	1.3	0.9	2.7	7.7	5.4	5.1	10.9	8.3
	家の上にいる	0.0	0.0	0.0	0.0	0.0	0.0	1.3	4.0	2.8
	家に寄りかかっている	0.0	0.0	0.0	0.0	0.0	0.0	0.0	0.0	0.0
木と人の関連付け	木に接している	6.1	3.8	4.5	13.5	2.6	8.1	1.3	5.0	3.3
	木に寄りかかっている	0.0	5.1	3.6	0.0	2.6	1.4	2.5	4.0	3.3
	木に登っている	0.0	0.0	0.0	5.4	2.6	4.1	3.8	5.0	4.4
	木にぶら下がっている	0.0	2.5	1.8	2.7	2.6	2.7	0.0	0.0	0.0
	木を見ている	6.1	2.5	3.6	0.0	5.1	2.7	1.3	0.0	0.6
〈人〉 人数	1人	66.7	40.5	48.2	29.7	66.7	50.0	39.2	47.5	43.9
	2人	21.2	32.9	29.5	43.2	20.5	32.4	26.6	17.8	21.7

資料 B（続き）

分析項目		タイ北部・東北部 5年	6年	合計	1981年 長野 5年	6年	合計	1997〜99年 東京 5年	6年	合計
	3人以上	12.1	26.6	22.3	27.0	12.8	20.3	34.2	34.7	34.4
	はみ出し	0.0	6.3	4.5	5.4	10.3	8.1	11.4	14.9	13.3
性別	同性	72.7	65.8	67.9	78.4	92.3	87.8	75.9	75.2	75.6
	異性	6.1	3.8	4.5	5.4	0.0	2.7	0.0	0.0	0.0
	両性	12.1	22.8	19.6	16.2	5.1	10.8	13.9	9.9	11.7
	判別不能	9.1	7.6	8.0	0.0	2.6	1.4	10.1	14.9	12.8
人の向き	正面	72.7	50.6	57.1	18.9	30.8	25.7	46.8	45.5	46.1
	横向き	18.2	20.3	19.6	37.8	30.8	35.1	11.4	9.9	10.6
	後ろ向き	0.0	1.3	0.9	2.7	12.8	8.1	2.5	2.0	2.2
	斜め	3.0	0.0	0.9	0.0	10.3	5.4	11.4	12.9	12.2
	混合	6.1	27.8	21.4	40.5	15.4	28.4	21.5	21.8	21.7
	判別不能	0.0	0.0	0.0	0.0	0.0	0.0	6.3	7.9	7.2
他とのバランス	明らかに過大	0.0	0.0	0.0	10.8	7.7	9.5	17.7	25.7	22.2
運動描写	手が横	0.0	0.0	0.0	0.0	0.0	0.0	0.0	1.0	0.6
	直立不動	60.6	39.2	45.5	2.7	5.1	4.1	15.2	12.9	13.9
	簡単な運動	24.2	24.1	24.1	32.4	53.8	44.6	29.1	34.7	32.2
	明瞭な運動	15.2	36.7	30.4	64.9	41.0	54.1	49.4	43.6	46.1
	判別不能	0.0	0.0	0.0	0.0	0.0	0.0	6.3	7.9	7.2
運動の内容	座っている	6.1	17.7	14.3	5.3	7.7	6.8	7.6	7.9	7.8
	歩いている	0.0	2.5	1.8	21.6	17.9	20.3	0.0	14.9	8.3
	走っている	0.0	0.0	0.0	5.4	5.1	5.4	2.5	1.0	1.7
	遊んでいる	0.0	15.2	10.7	40.5	23.1	32.4	36.7	17.8	26.1
	仕事している	15.2	22.8	20.5	5.4	2.6	4.1	7.6	5.0	6.1
簡略化	シルエット	0.0	0.0	0.0	2.7	0.0	1.4	5.1	9.9	7.8
	記号化	3.0	1.3	1.8	0.0	0.0	0.0	17.7	23.8	21.1
主要人物	顔あり	100.0	98.7	99.1	100.0	97.4	98.7	92.4	94.1	93.3
	簡略化	0.0	1.3	0.9	2.7	0.0	1.4	15.2	25.7	21.1
部分について	頭>4頭身	33.3	10.1	17.0	62.2	38.5	51.4	75.9	79.2	77.8
	ひじあり	12.1	11.4	11.6	40.5	33.3	37.8	17.7	26.7	22.8
	ひざあり	9.1	7.6	8.0	37.8	23.1	31.1	11.4	15.8	13.9
	手なし	6.1	1.3	2.7	2.7	0.0	1.4	5.1	6.9	6.1
	足なし	12.1	7.6	8.9	2.7	0.0	1.4	6.3	6.9	6.7
	首なし	21.2	6.3	10.7	8.1	2.6	5.4	15.2	17.8	16.7
	短すぎる腕	15.2	11.4	12.5	0.0	0.0	0.0	6.3	2.0	3.9
人の浮き上がり		3.0	2.5	2.7	0.0	0.0	0.0	3.8	1.0	2.2
〈家〉軒数	1軒	93.9	83.5	86.6	81.1	76.9	81.1	73.4	75.2	74.4

資料B（続き）

分析項目		タイ北部・東北部 5年	6年	合計	1981年 長野 5年	6年	合計	1997〜99年 東京 5年	6年	合計
	2軒	3.0	11.4	8.9	5.4	12.8	9.5	16.5	14.9	15.6
	3軒	3.0	5.1	4.5	13.5	10.3	12.2	8.9	9.9	9.4
はみ出し		12.1	13.9	13.4	48.6	43.6	47.3	16.5	26.7	22.2
壁の面数	1面	36.4	54.4	49.1	43.2	30.8	37.8	68.4	62.4	65.0
	不確実な2面	12.1	20.3	17.9	0.0	7.7	4.1	3.8	2.0	2.8
	2面平面的	45.5	49.4	48.2	21.6	38.5	31.1	10.1	15.8	13.3
	2面立体的	3.0	8.9	7.1	35.1	20.5	28.4	13.9	18.8	16.7
	3面	3.0	5.1	4.5	0.0	2.6	1.4	1.3	1.0	1.1
	判別不能	0.0	0.0	0.0	0.0	0.0	0.0	0.0	0.0	0.0
家の形	縦長	30.3	13.9	18.8	2.7	7.7	5.4	30.4	16.8	22.8
	正方形	30.3	19.0	22.3	5.4	2.6	4.1	6.3	8.9	7.8
	横長	36.4	67.1	58.0	89.2	82.1	87.8	49.4	62.4	56.7
	混合	3.0	0.0	0.9	0.0	2.6	1.4	8.9	7.9	8.3
	判別不能	0.0	0.0	0.0	2.7	5.1	4.1	3.8	4.0	3.9
ドア・窓	ドア・窓なし	0.0	0.0	0.0	0.0	2.6	1.4	0.0	3.0	1.7
	窓なし	12.1	10.1	10.7	8.1	5.1	6.8	7.6	7.9	7.8
	ドアなし	0.0	5.1	3.6	27.0	17.9	23.0	15.2	12.9	13.9
	ドア・窓あり	87.9	84.8	85.7	64.9	74.4	71.6	77.2	76.2	76.7
	判別不能	0.0	0.0	0.0	0.0	0.0	0.0	0.0	0.0	0.0
基線	なし	0.0	1.3	0.9	0.0	0.0	0.0	1.3	3.0	2.2
	縁立ち	18.2	0.0	5.4	18.9	25.6	23.0	25.3	25.7	25.6
	あり	81.8	98.7	93.8	81.1	74.4	79.7	73.4	71.3	72.2
特異な家	山小屋風	3.0	1.3	1.8	0.0	2.6	1.4	5.1	4.0	4.4
	農家風	0.0	0.0	0.0	0.0	0.0	0.0	0.0	0.0	0.0
	マンション	0.0	0.0	0.0	0.0	5.1	2.7	6.3	5.0	5.6
	学校	0.0	0.0	0.0	0.0	0.0	0.0	3.8	1.0	2.2
	城	0.0	0.0	0.0	0.0	0.0	0.0	0.0	2.0	1.1
	店	0.0	0.0	0.0	0.0	0.0	0.0	1.3	2.0	1.7
	他住居外建築物	6.1	8.9	8.0	0.0	0.0	0.0	3.8	4.0	3.9
	高床式	24.2	13.9	17.0	0.0	0.0	0.0	0.0	0.0	0.0
各部の描写	屋根の模様	39.4	63.3	56.3	91.9	66.7	81.1	45.6	49.5	47.8
	ベランダ	3.0	7.6	6.3	13.5	17.9	16.2	6.3	2.0	3.9
	アンテナ	3.0	5.1	4.5	8.1	7.7	8.1	2.5	1.0	1.7
	二階建て	6.1	10.1	8.9	32.4	59.0	47.3	45.6	17.8	30.0
	ポスト	6.1	0.0	1.8	21.6	7.7	14.9	5.1	6.9	6.1
	表札	0.0	0.0	0.0	10.8	10.3	10.8	0.0	5.9	3.3
	雨樋	24.2	7.6	12.5	10.8	2.6	6.8	0.0	0.0	0.0
	煙突	18.2	22.8	21.4	18.9	5.1	12.2	21.5	31.7	27.2
	階段	15.2	5.1	8.0	0.0	5.1	2.7	13.9	5.0	8.9

資料B（続き）

分析項目		タイ北部・東北部 5年	6年	合計	1981年 長野 5年	6年	合計	1997〜99年 東京 5年	6年	合計
	カーテン	42.4	24.1	29.5	27.0	12.8	20.3	30.4	17.8	23.3
	呼び鈴	0.0	0.0	0.0	2.7	10.3	6.8	2.5	2.0	2.3
〈木〉										
木の本数	1本	39.4	44.3	42.9	29.7	43.6	37.8	48.1	41.6	44.4
	2本	21.2	27.8	25.9	21.6	30.8	27.0	25.3	19.8	22.2
	3本以上	39.4	27.8	31.3	48.6	25.6	37.8	26.6	38.6	33.3
	はみ出し	45.5	48.1	47.3	40.5	35.9	39.2	17.7	24.8	21.7
各部の描写	やしの木	6.1	16.5	13.4	0.0	0.0	0.0	0.0	0.0	0.0
	枯れ木	0.0	0.0	0.0	5.4	20.5	13.5	1.3	3.0	2.2
	樹皮	15.2	26.6	23.2	51.4	43.6	48.6	36.7	40.6	38.9
	上方直閉幹	0.0	0.0	0.0	0.0	0.0	0.0	1.3	1.0	1.1
	下方直閉幹	0.0	1.3	0.9	0.0	2.6	1.4	2.5	5.0	3.9
	全枝先直	9.1	22.8	18.8	0.0	0.0	0.0	6.3	4.0	5.0
	全枝先開放	63.6	59.5	60.7	0.0	0.0	0.0	0.0	0.0	0.0
	枝直交	12.1	36.7	29.5	0.0	0.0	0.0	0.0	0.0	0.0
	幹下縁立	42.4	30.4	33.9	54.1	38.5	47.3	40.5	31.7	35.6
	枝描写	100.0	97.5	98.2	97.3	71.8	86.5	65.8	46.5	55.0
	枝単線	3.0	3.8	3.6	16.2	12.8	14.9	6.3	1.0	3.3
	枝幹単線	0.0	1.3	0.9	0.0	0.0	0.0	0.0	3.0	1.7
	根	3.0	12.7	9.8	32.4	15.4	24.3	25.3	15.8	20.0
	うず	12.1	13.9	13.4	8.1	5.1	6.8	2.5	2.0	2.2
	実のある木	48.5	50.6	50.0	5.4	5.1	5.4	16.5	13.9	15.0
	樹冠内に葉のある木	39.4	40.5	40.2	0.0	7.7	4.1	2.5	2.0	2.2
	樹冠がなく葉のある木	6.1	6.3	6.3	18.9	5.1	12.2	6.3	3.0	4.4
	切り株	3.0	1.3	1.8	0.0	0.0	0.0	0.0	2.0	1.1
〈その他〉										
	説明書き	6.1	6.3	6.3	0.0	0.0	0.0	10.1	12.9	11.7
	枠あり	27.3	29.1	28.6	0.0	0.0	0.0	0.0	0.0	0.0
	定規使用	72.7	46.8	54.5	0.0	0.0	0.0	8.9	5.9	7.2

資料C　タイと日本（都市と地方）の各分析項目の出現率（%）

分析項目		タイ北・東北部 6年 79名	バンコク 6年 50名	1981年長野 6年 39名	1997〜99年東京 6年 101名
〈全体〉 統合性	羅列的	0.0	0.0	0.0	1.0
	やや羅列的	1.3	4.0	0.0	20.8
	媒介による統合	1.3	16.0	5.1	21.8
	やや統合的	59.5	54.0	66.7	49.5
	明らかに統合的	38.0	26.0	28.2	6.9
遠近感	ばらばら	0.0	12.0	0.0	6.9
	直線（重なりなし）	0.0	4.0	7.7	8.9
	直線（重なりあり）	6.3	4.0	12.8	14.9
	ややあり	16.5	16.0	33.3	35.6
	中	63.3	74.0	35.9	30.7
	大	13.9	2.0	10.3	3.0
描線	とぎれのない一本線	11.4	8.0	23.1	61.4
	とぎれとぎれの一本線	5.1	0.0	0.0	0.0
	複数線	15.2	18.0	12.8	11.9
	スケッチ風の線	68.4	74.0	64.1	26.7
描画サイズ	全体で4分の1以下	0.0	2.0	2.6	1.0
	HTPで4分の1以下	12.7	2.0	0.0	3.0
陰影付け	陰	5.1	6.0	5.1	2.0
	影	0.0	3.0	2.6	3.0
課題以外の付加物	付加物あり	97.5	92.0	79.5	93.1
	付加物の内容				
	山	48.1	18.0	7.7	14.9
	道	27.8	28.0	15.4	17.8
	草花	83.5	62.0	33.3	40.6
	囲い	15.2	6.0	12.8	9.9
	門	2.5	2.0	5.1	0.0
	雲	68.4	60.0	20.5	34.7
	太陽	63.3	68.0	7.7	37.6
	動物	15.2	12.0	7.7	24.8
	魚	22.8	16.0	7.7	9.9
	虫	5.1	6.0	17.9	7.9
	鳥	43.0	36.0	10.3	18.8
	蝶	2.5	2.0	5.1	5.0
	乗り物	5.1	14.0	15.4	14.9
	川	13.9	10.0	0.0	7.9
	田畑	21.5	4.0	5.1	3.0
	池	19.0	8.0	12.8	8.9
	虹	0.0	0.0	0.0	0.0
	ツリー	0.0	0.0	0.0	0.0

資料C（続き）

分析項目		タイ北・東北部 6年	バンコク 6年	1981年長野 6年	1997〜99年東京 6年
地面の描写	踏み石	8.9	16.0	5.1	1.0
	なし	53.2	78.0	64.1	73.3
	部分	12.7	10.0	20.5	8.9
	全体	34.2	12.0	15.4	17.8
木の中の動物		12.7	10.0	0.0	1.0
非現実性 絵全体の現実性	現実的	97.5	100.0	100.0	62.4
	混合	2.5	0.0	0.0	20.8
	非現実的	0.0	0.0	0.0	16.8
	キャラクター	3.8	0.0	0.0	17.8
	擬人化	11.4	18.0	0.0	8.9
	それ以外の非現実的描写	3.8	8.0	0.0	20.8
家と人の関連付け	家の中にいる	6.3	8.0	25.6	16.8
	中だけ	0.0	0.0	10.3	1.0
	中と外	6.3	8.0	15.4	15.8
	家から遠ざかる	1.3	0.0	0.0	2.0
	ドアに手を触れている	0.0	0.0	0.0	0.0
	家を見ている	6.3	0.0	5.1	0.0
	家へと歩いている	1.3	2.0	7.7	10.9
	家の上にいる	0.0	200.0	0.0	4.0
	家に寄りかかっている	0.0	0.0	0.0	0.0
木と人の関連付け	木に接している	3.8	0.0	2.6	5.0
	木に寄りかかっている	5.1	0.0	2.6	4.0
	木に登っている	0.0	0.0	2.6	5.0
	木にぶら下がっている	2.5	0.0	2.6	0.0
	木を見ている	2.5	6.0	5.1	0.0
〈人〉 人数	1人	40.5	46.0	66.7	47.5
	2人	32.9	30.0	20.5	17.8
	3人以上	26.6	24.0	12.8	34.7
	背丈（平均cm）				
	はみ出し	6.3	0.0	10.3	14.9
性別	同性	65.8	68.0	92.3	75.2
	異性	3.8	8.0	0.0	0.0
	両性	22.8	22.0	5.1	9.9
	判別不能	7.6	0.0	2.6	14.9
人の向き	正面	50.6	62.0	30.8	45.5
	横向き	20.3	18.0	30.8	9.9
	後ろ向き	1.3	2.0	12.8	2.0
	斜め	0.0	2.0	10.3	12.9

資料 C（続き）

分析項目		タイ北・東北部 6年	バンコク 6年	1981年長野 6年	1997～99年東京 6年
	混合	27.8	16.0	15.4	21.8
	判別不能	0.0	0.0	0.0	7.9
他とのバランス	明らかに過大	0.0	6.0	7.7	25.7
運動描写	手が横	0.0	2.0	0.0	1.0
	直立不動	39.2	40.0	5.1	12.9
	簡単な運動	24.1	32.0	53.8	34.7
	明瞭な運動	36.7	26.0	41.0	43.6
	判別不能	0.0	0.0	0.0	7.9
運動の内容	座っている	17.7	10.0	7.7	7.9
	歩いている	2.5	0.0	17.9	14.9
	走っている	0.0	4.0	5.1	1.0
	遊んでいる	15.2	26.0	23.1	17.8
	仕事している	22.8	14.0	2.6	5.0
簡略化	シルエット	0.0	2.0	0.0	9.9
	記号化	1.3	0.0	0.0	23.8
主要人物	顔あり	98.7	98.0	97.4	94.1
	簡略化	1.3	0.0	0.0	25.7
部分について	頭＞4頭身	10.1	32.0	38.5	79.2
	ひじあり	11.4	34.0	33.3	26.7
	ひざあり	7.6	16.0	23.1	15.8
	手なし	1.3	2.0	0.0	6.9
	足なし	7.6	12.0	0.0	6.9
	首なし	6.3	4.0	2.6	17.8
	短すぎる腕	11.4	10.0	0.0	2.0
人の浮き上がり		2.5	0.0	0.0	1.0
〈家〉 軒数	1軒	83.5	78.0	76.9	75.2
	2軒	11.4	14.0	12.8	14.9
	3軒	5.1	8.0	10.3	9.9
はみ出し		13.9	20.0	43.6	26.7
壁の面数	1面	54.4	12.0	30.8	62.4
	不確実な2面	20.3	14.0	7.7	2.0
	2面平面的	49.4	58.0	38.5	15.8
	2面立体的	8.9	14.0	20.5	18.8
	3面	5.1	2.0	2.6	1.0
	判別不能	0.0	0.0	0.0	0.0
家の形	縦長	13.9	32.0	7.7	16.8
	正方形	19.0	20.0	2.6	8.9
	横長	67.1	42.0	82.1	62.4

資料 C（続き）

分析項目		タイ北・東北部 6年	バンコク 6年	1981年長野 6年	1997〜99年東京 6年
	混合	0.0	6.0	2.6	7.9
	判別不能	0.0	0.0	5.1	4.0
ドア・窓	ドア・窓なし	0.0	0.0	2.6	3.0
	窓なし	10.1	6.0	5.1	7.9
	ドアなし	5.1	0.0	17.9	12.9
	ドア・窓あり	84.8	94.0	74.4	76.2
	判別不能	0.0	0.0	0.0	0.0
基線	なし	1.3	0.0	0.0	3.0
	縁立ち	0.0	12.0	25.6	25.7
	あり	98.7	88.0	74.4	71.3
特異な家	山小屋風	1.3	0.0	2.6	4.0
	農家風	0.0	0.0	0.0	0.0
	マンション	0.0	0.0	5.1	5.0
	学校	0.0	2.0	0.0	1.0
	城	0.0	0.0	0.0	2.0
	店	0.0	2.0	0.0	2.0
	他住居外建築物	8.9	10.0	0.0	4.0
	高床式	13.9	18.0	—	—
各部の描写	屋根の模様	63.3	44.0	66.7	49.5
	ベランダ	7.6	4.0	17.9	2.0
	アンテナ	5.1	4.0	7.7	1.0
	二階建て	10.1	22.0	59.0	17.8
	ポスト	0.0	0.0	7.7	6.9
	表札	0.0	6.0	10.3	5.9
	雨樋	7.6	2.0	2.6	0.0
	煙突	22.8	14.0	5.1	31.7
	階段	5.1	10.0	5.1	5.0
	カーテン	24.1	30.0	12.8	17.8
	呼び鈴	0.0	2.0	10.3	2.0
〈木〉 木の本数	1本	44.3	46.0	43.6	41.6
	2本	27.8	28.0	30.8	19.8
	3本以上	27.8	26.0	25.6	38.6
	はみ出し	48.1	60.0	35.9	24.8
各部の描写	やしの木	16.5	4.0	—	—
	枯れ木	0.0	0.0	20.5	3.0
	樹皮	26.6	38.0	43.6	40.6
	上方直閉幹	0.0	4.0	0.0	1.0
	下方直閉幹	1.3	0.0	2.6	5.0
	全枝先直	22.8	8.0	0.0	4.0
	全枝先開放	59.5	42.0	—	—

資料C（続き）

分析項目		タイ北・東北部 6年	バンコク 6年	1981年長野 6年	1997～99年東京 6年
	枝直交	36.7	22.0	0.0	0.0
	幹下縁立	30.4	28.0	38.5	31.7
	枝描写	97.5	82.0	71.8	46.5
	枝単線	3.8	0.0	12.8	1.0
	枝幹単線	1.3	0.0	0.0	3.0
	根	12.7	30.0	15.4	15.8
	うず	13.9	28.0	5.1	2.0
	実のある木	50.6	28.0	5.1	13.9
	樹幹内に葉のある木	40.5	10.0	7.7	2.0
	樹幹がなく葉のある木	6.3	4.0	5.1	3.0
	切り株	1.3	0.0	0.0	2.0
〈その他〉	説明書き	6.3	0.0	0.0	12.9
	枠あり	29.1	0.0	―	―
	定規使用	46.8	10.0	0.0	5.9

資料 D　評定尺度と項目間の相関性

分析項目	統合性	エネルギー水準	自己評価	内的豊かさ	安定性	社会性	学年
統合性	1						
エネルギー水準	0.454	1.000					
自己評価	−0.412	0.092	1.000				
内的豊かさ	0.746	0.635	−0.167	1.000			
安定性	0.108	0.023	0.171	0.185	1.000		
社会性	0.390	0.291	−0.075	0.576	0.113	1.000	
学年	0.707	0.276	−0.224	0.349	0.139	0.094	1.000
遠近感	0.641	0.332	−0.241	0.475	−0.004	0.358	0.533
描画サイズ全体で4分の1以下	0.180	−0.991	−0.620	0.017	−0.365	−0.241	0.985
陰	0.659	−0.123	−0.339	0.537	0.157	0.200	0.423
影	0.198	−0.461	−0.418	0.019	−0.400	−0.265	0.381
付加物	0.280	0.183	−0.276	0.505	−0.033	0.223	−0.124
山	0.477	0.341	−0.005	0.413	−0.195	0.290	0.318
道	0.470	0.292	−0.077	0.315	0.037	0.231	0.491
草花	0.144	0.100	0.085	0.216	0.244	0.065	0.016
囲い	0.368	0.282	−0.021	0.475	0.381	0.144	0.217
門	0.355	0.020	−0.097	0.537	0.955	−0.047	0.215
雲	−0.329	−0.112	0.064	−0.017	−0.026	−0.041	−0.272
太陽	−0.489	−0.218	−0.015	−0.282	−0.072	−0.046	−0.548
動物	0.144	0.017	−0.053	0.292	−0.154	0.286	−0.055
魚	0.213	0.131	−0.187	0.245	0.045	0.369	0.095
虫	−0.100	0.046	0.053	0.180	−0.230	0.108	−0.127
鳥	0.054	0.079	0.001	0.297	−0.055	0.147	−0.147
蝶	−0.004	0.210	0.257	0.160	0.052	0.287	−0.115
乗り物	0.231	0.082	−0.278	0.397	−0.094	0.330	0.015
川	0.092	0.256	−0.379	0.126	−0.145	0.145	0.056
田畑	0.659	0.472	−0.097	0.537	0.157	−0.309	0.605
池	0.239	0.154	−0.167	0.242	0.011	0.310	0.124
地面	0.000	0.095	−0.115	0.185	−0.034	−0.059	−0.078
絵全体の現実性	0.056	0.104	−0.170	0.278	−0.047	0.260	−0.395
擬人化	−0.146	−0.106	−0.102	0.190	0.251	0.153	−0.447
それ以外の非現実的描写	0.207	0.247	−0.181	0.292	−0.260	0.293	−0.285
家の中にいる	0.170	0.148	−0.187	0.381	0.080	0.339	0.049
中だけ	0.105	0.084	−0.468	0.143	−0.075	−0.472	0.072
中と外	0.159	0.142	−0.019	0.407	0.138	0.675	0.026
家から遠ざかる	0.522	0.133	−0.092	0.483	0.969	0.403	0.112
ドアに手をふれている	0.439	0.450	0.129	0.231	−0.423	0.062	0.118
家を見ている	0.207	−0.024	−0.233	0.374	−0.082	0.157	0.312
家へと歩いている	0.237	0.182	−0.074	0.321	0.290	0.048	0.229
家の上にいる	0.063	−0.031	−0.484	−0.122	−0.458	0.135	0.040
家に寄りかかっている	0.180	0.999	−0.084	0.017	−0.365	0.058	0.100
木に接している	0.112	−0.186	0.117	−0.166	−0.194	0.170	0.361
木に寄りかかっている	0.439	−0.123	−0.339	0.419	0.157	0.300	0.099
木に登っている	0.299	0.013	−0.384	0.319	−0.400	0.532	−0.155

資料D（続き）

分析項目	統合性	エネルギー水準	自己評価	内的豊かさ	安定性	社会性	学年
木にぶらさがっている	0.184	0.223	−0.290	0.168	−0.238	0.203	−0.021
木を見ている	0.331	0.324	0.052	0.216	0.102	−0.103	0.190
人数	0.158	0.028	−0.359	0.178	−0.130	0.754	−0.012
背丈	−0.289	0.130	0.807	−0.252	0.062	−0.194	−0.034
はみ出し	0.112	0.051	−0.039	0.098	−0.175	−0.245	0.048
性別同性	0.379	−0.115	−0.552	0.164	−0.260	0.116	0.034
向き正面	−0.581	−0.339	0.230	−0.511	−0.037	−0.527	−0.519
向き横	0.268	0.178	−0.022	0.306	0.110	0.046	0.353
向き混合	0.460	0.224	−0.164	0.419	0.015	0.762	0.233
バランス過大	−0.711	−0.219	0.884	−0.489	0.045	−0.252	−0.379
運動描写	0.603	0.338	−0.264	0.542	−0.028	0.438	0.461
座っている	0.329	−0.003	−0.093	0.212	−0.068	0.270	0.174
歩いている	0.446	0.085	−0.098	0.292	0.190	0.179	0.333
走っている	0.043	0.420	0.149	0.203	0.278	−0.024	0.294
遊んでいる	0.480	0.284	−0.328	0.424	−0.148	0.657	0.148
仕事している	0.379	0.077	−0.484	0.292	−0.082	0.221	0.246
シルエット	−0.036	−0.138	−0.392	−0.188	−0.592	0.265	−0.319
記号化	−0.132	−0.279	−0.999	−0.274	−0.400	0.064	−0.471
主要人物顔	−0.522	−0.534	0.571	−0.308	0.297	0.306	−0.013
主要人物簡略化	−0.070	−0.193	−0.547	−0.234	−0.590	0.231	−0.387
頭>4頭身	−0.334	0.038	0.223	−0.129	0.049	0.232	−0.205
ひじあり	0.417	0.199	0.060	0.188	0.029	0.202	0.382
ひざあり	0.432	0.214	−0.046	0.295	0.160	0.395	0.477
手なし	−0.372	−0.144	−0.387	−0.233	−0.504	−0.123	−0.592
足なし	−0.416	−0.085	−0.202	−0.283	−0.476	−0.145	−0.662
首なし	−0.295	−0.027	−0.088	−0.066	−0.164	−0.014	−0.482
短かすぎる腕	−0.588	−0.150	0.152	−0.190	−0.139	−0.070	−0.595
人浮き上がり	−0.998	−0.500	0.252	−0.701	−0.131	−0.448	−0.578
家の数	0.207	0.071	−0.221	0.168	−0.086	0.254	0.177
家面積	0.274	0.404	−0.004	0.265	0.135	0.033	0.175
家はみ出し	0.435	0.387	−0.039	0.407	0.065	0.283	0.391
壁の数	0.421	0.099	−0.126	0.115	−0.047	0.048	0.588
家縦長	−0.651	−0.176	0.236	−0.351	−0.140	−0.134	−0.649
家横長	0.471	0.052	−0.176	0.156	0.184	0.043	0.549
両方なしまたは窓なし	−0.365	−0.287	−0.110	−0.439	−0.436	−0.323	−0.153
ドアなし	0.208	−0.010	−0.115	0.116	−0.022	−0.144	0.092
両方あり	0.023	0.177	0.120	0.131	0.256	0.283	0.011
基線	0.426	0.158	−0.141	0.212	−0.113	0.129	0.359
屋根の模様	0.505	0.332	−0.179	0.412	0.074	0.219	0.388
ベランダ	0.432	0.270	−0.193	0.261	0.150	0.192	0.384
アンテナ	0.239	−0.018	−0.288	0.104	−0.380	−0.072	0.353
二階建て	0.044	0.198	−0.010	0.252	0.067	0.269	0.004
ポスト	0.601	0.481	−0.049	0.653	0.231	0.324	0.339
表札	0.633	0.500	−0.116	0.564	0.137	0.327	0.607

資料 D（続き）

分析項目	統合性	エネルギー水準	自己評価	内的豊かさ	安定性	社会性	学年
雨樋	0.368	0.374	−0.215	0.361	0.158	0.214	0.205
煙突	−0.196	0.057	0.217	0.134	−0.075	0.027	−0.336
階段	−0.033	0.306	−0.148	−0.068	−0.247	−0.052	0.078
カーテン	−0.117	−0.054	0.183	0.014	0.199	0.092	−0.091
呼び鈴	0.347	0.367	−0.025	0.309	−0.193	0.167	0.263
木の数	0.151	0.108	−0.160	0.062	−0.088	0.083	0.136
木 cm	−0.097	0.251	0.126	−0.021	−0.031	−0.056	0.047
木はみ出し	0.393	0.299	−0.050	0.125	0.028	−0.044	0.372
枯れ木	0.283	0.291	−0.015	−0.051	0.163	−0.045	0.451
樹皮	0.245	0.325	−0.080	0.082	−0.132	−0.194	0.276
上方直閉幹	−0.578	−0.202	0.366	−0.246	0.012	−0.136	−0.653
下方直閉幹	−0.167	−0.151	0.017	−0.138	−0.209	0.002	−0.232
全枝先直	−0.442	−0.098	0.182	−0.332	0.242	−0.160	−0.345
枝直交	−0.219	0.071	−0.046	−0.250	−0.505	−0.133	−0.379
幹下縁立	−0.247	0.018	0.101	−0.184	0.023	−0.045	−0.193
枝描写	0.454	0.343	−0.178	0.276	0.048	0.215	0.310
枝単線	0.388	−0.030	−0.128	0.026	−0.029	−0.110	0.506
根	0.131	0.071	−0.207	0.082	−0.119	−0.011	0.137
うず	0.240	0.347	0.053	0.020	−0.186	0.188	0.123
実のある木	−0.071	−0.043	0.169	0.075	0.092	0.199	−0.207
樹冠内に葉のある木	−0.166	−0.238	0.162	−0.075	0.189	−0.059	−0.080
樹冠がなく葉のある木	0.050	0.055	0.160	0.075	−0.065	0.015	0.010
説明書き	−0.246	−0.109	0.306	−0.149	−0.423	0.062	−0.269
定規使用	0.063	0.036	−0.107	−0.122	0.318	−0.002	−0.003

（■：マイナスの相関が認められたもの，■：プラスの相関が認められたもの）

資料E 小学生各学年の項目別出現率

分析項目		出現率 (%)					
		1年 142名	2年 133名	3年 133名	4年 125名	5年 115名	6年 140名
〈全体〉統合性	羅列	4.2	1.5	0.8	0.0	1.7	0.7
	やや羅列	19.7	10.4	4.5	8.0	5.2	15.0
	媒介による統合	69.7	53.7	48.9	17.6	18.3	17.1
	やや統合	6.3	32.8	43.6	71.2	66.1	54.3
	明らかに統合的	0.0	1.5	2.3	3.2	8.7	12.9
遠近感	ばらばら	9.2	3.7	0.8	0.8	2.6	5.0
	直線（重なりなし）	26.8	23.9	19.5	9.6	2.6	8.6
	直線（重なりあり）	36.6	25.4	30.8	31.2	20.9	14.3
	ややあり	26.1	34.3	35.3	36.8	34.8	35.0
	中	1.4	12.7	13.5	19.2	35.7	32.1
	大	0.0	0.0	0.0	2.4	3.5	5.0
描線	とぎれのない一本線	94.4	80.6	75.2	68.0	57.4	50.7
	とぎれとぎれの一本線	0.0	0.0	0.0	0.0	0.0	0.0
	複数線	0.7	1.5	6.0	4.0	4.3	12.1
	スケッチ風の線	4.9	17.9	14.3	27.2	36.5	37.1
描画サイズ	全体で4分の1以下	0.0	0.0	0.0	0.0	0.9	1.4
	HTPで4分の1以下	2.8	1.5	1.5	4.0	0.9	2.1
陰影	陰	0.0	0.0	1.5	0.8	0.0	2.9
	影	0.7	0.0	0.8	1.6	2.6	2.9
付加物	なし	9.9	6.7	6.0	5.6	5.2	10.7
	あり	90.1	93.3	94.0	94.4	94.8	89.3
内訳	山	2.1	7.5	5.3	14.4	12.2	12.9
	道	7.0	5.2	7.5	9.6	20.0	17.1
	草花	38.7	42.5	41.4	39.2	41.7	38.6
	囲い	2.1	0.7	3.0	4.8	10.4	10.7
	門	0.7	0.0	0.8	1.6	1.7	1.4
	雲	43.0	53.7	51.1	38.4	29.6	30.7
	太陽	43.0	54.5	42.9	40.8	33.9	29.3
	動物	16.2	27.6	33.8	32.8	25.2	20.0
	魚	2.8	3.0	7.5	15.2	19.1	9.3
	虫	23.2	13.4	18.8	8.8	11.3	10.7
	鳥	18.3	26.1	27.1	28.8	19.1	16.4
	蝶	12.7	9.0	3.8	9.6	7.8	7.1
	乗り物	19.7	9.7	12.0	16.0	15.7	15.0
	川	0.0	4.5	3.8	8.0	9.6	5.7
	田畑	0.0	1.5	1.5	0.8	0.9	3.6
	池	4.2	4.5	8.3	12.8	15.7	10.0
	虹	1.4	0.0	3.0	0.8	0.0	0.0
	ツリー	0.0	6.7	1.5	3.2	1.7	0.0

資料 E（続き）

分析項目		出現率（%）					
		1年	2年	3年	4年	5年	6年
	踏み石	0.7	0.0	1.5	4.0	5.2	2.1
地面	全体	69.0	55.2	63.2	67.2	62.6	70.7
	部分	5.6	9.0	7.5	11.2	11.3	12.1
	なし	25.4	35.8	29.3	21.6	26.1	17.1
木の中の動物		0.0	2.2	6.0	4.8	1.7	0.7
非現実性	絵全体が現実的	85.2	80.6	74.4	75.2	92.2	72.9
	キャラクター	9.9	14.2	12.0	8.8	2.6	12.9
	擬人化	1.4	2.2	5.3	4.0	0.9	6.4
	それ以外の非現実的描写	3.5	5.2	11.3	15.2	4.3	15.0
人と家の関係	家の中にいる	19.7	17.9	18.8	23.2	19.1	19.3
	中だけ	4.9	4.5	3.0	3.2	4.3	3.6
	中と外	14.8	13.4	15.8	20.0	15.7	15.7
	家から遠ざかる	0.0	1.5	2.3	1.6	0.9	1.4
	ドアに手をふれている	0.0	1.5	3.0	3.2	2.6	0.0
	家を見ている	0.0	0.7	0.0	0.8	1.7	1.4
	家へと歩いている	2.8	3.7	3.8	4.8	7.8	10.0
	家の上にいる	0.7	3.7	4.5	4.0	1.7	2.9
	家に寄りかかっている	0.0	0.0	0.0	1.6	0.0	0.0
木と人の関係	木に接している	2.1	0.0	3.0	2.4	5.2	4.3
	木に寄りかかっている	0.0	4.5	0.8	0.0	1.7	3.6
	木に登っている	4.2	9.0	15.8	8.0	4.3	4.3
	木にぶらさがっている	0.7	3.0	2.3	4.0	0.9	0.7
	木を見ている	0.7	0.7	0.0	1.6	0.9	1.4
〈人〉はみ出し	なし	95.1	94.0	88.7	88.0	90.4	86.4
	画面からはみ出し	3.5	3.0	7.5	8.0	6.1	10.0
	他のものに隠れている	1.4	2.2	3.8	4.0	3.5	3.6
性別	同性	83.1	86.6	78.2	80.8	76.5	80.0
	異性	0.7	0.7	1.5	0.8	1.7	0.0
	両性	12.7	10.4	13.5	13.6	14.8	8.6
	判別不能	3.5	1.5	6.8	4.8	7.0	11.4
向き	正面	86.6	70.1	58.6	39.2	37.4	41.4
	横向き	2.1	11.2	18.8	15.2	20.0	15.7
	後ろ向き	0.0	1.5	0.0	1.6	2.6	5.0
	斜め	1.4	3.7	4.5	4.8	7.8	12.1
	混合	8.5	11.9	18.0	37.6	27.8	20.0
	判別不能	0.0	0.0	0.0	0.0	0.0	0.0
他とのバランス	明らかに過大	44.4	21.6	24.1	8.8	14.8	20.7
	過大とはいえない	55.6	77.6	75.9	91.2	85.2	79.3
運動描写	手が横	26.1	9.7	4.5	1.6	0.0	0.7

資料 E（続き）

分析項目		出現率（%）					
		1年	2年	3年	4年	5年	6年
運動の内容	直立不動	35.2	26.1	15.8	11.2	10.4	10.7
	簡単な運動（ポーズ）	18.3	24.6	37.6	33.6	30.4	40.0
	明瞭な運動	17.6	37.3	39.8	52.8	54.8	42.9
	判別不能	0.0	0.0	0.0	0.0	0.0	0.0
	座っている	0.7	7.5	2.3	4.8	7.0	7.9
	歩いている	2.8	9.0	12.0	17.6	12.2	15.7
	走っている	0.0	0.7	1.5	2.4	3.5	2.1
	遊んでいる	12.7	23.9	30.1	38.4	38.3	19.3
	仕事している	2.8	2.2	4.5	4.0	7.0	4.3
簡略化	シルエット	6.3	2.2	3.8	3.2	4.3	7.1
	記号化	3.5	2.2	5.3	4.0	12.2	17.1
主要人物	顔	99.3	99.3	99.2	97.6	94.8	95.0
	簡略化	8.5	4.5	7.5	5.6	11.3	18.6
部分について	頭＞4頭身	68.3	76.1	66.9	70.4	71.3	67.9
	ひじあり	14.1	11.9	18.0	28.0	25.2	28.6
	ひざあり	1.4	4.5	9.0	19.2	20.0	17.9
	手なし	3.5	1.5	0.0	0.0	0.0	0.0
	足なし	1.4	0.0	0.8	0.0	0.9	0.0
	首なし	36.6	17.2	9.8	19.2	13.0	13.6
	短かすぎる腕	19.0	9.0	6.0	5.6	4.3	1.4
	人浮き上がり	10.6	7.5	2.3	0.8	2.6	0.7
〈家〉 はみ出し	なし	93.0	88.8	87.2	70.4	73.0	68.6
	画面からはみ出し	7.0	11.2	12.0	26.4	26.1	29.3
	他のものに隠れている	0.0	0.0	0.8	3.2	0.9	2.1
壁の数	1面	97.2	92.5	77.4	58.4	60.9	53.6
	不確実な2面	0.7	1.5	3.0	3.2	2.6	3.6
	2面平面的	2.1	3.0	15.8	23.2	13.9	22.1
	2面立体的	0.0	2.2	3.0	12.8	20.9	19.3
	3面	0.0	0.0	0.0	0.0	0.0	0.0
家の形	縦長	60.6	53.0	27.8	26.4	21.7	14.3
	正方形	9.2	12.7	14.3	16.0	6.1	7.1
	横長	24.6	24.6	49.6	40.8	62.6	67.9
	混合	4.9	6.0	6.0	6.4	6.1	6.4
	判別不能	0.7	3.7	2.3	2.4	3.5	4.3
ドア・窓	ドア・窓なし	4.2	3.0	3.8	1.6	0.0	2.9
	窓なし	7.0	4.5	8.3	0.8	7.8	7.1
	ドアなし	14.1	11.2	16.5	16.0	19.1	14.3
	ドア・窓あり	74.6	81.3	70.7	81.6	73.0	75.7
	判別不能	0.0	0.0	0.8	0.0	0.0	0.0

資料 E（続き）

分析項目		出現率 (%)					
		1年	2年	3年	4年	5年	6年
壁の基線	なし	1.4	0.0	0.8	2.4	0.9	2.1
	縁立	47.9	46.3	33.1	32.8	22.6	25.7
	あり	50.7	53.7	66.2	64.8	76.5	72.1
付加物	屋根の模様	29.6	48.5	47.4	45.6	60.9	54.3
	ベランダ	0.0	3.0	6.0	9.6	8.7	6.4
	アンテナ	1.4	1.5	1.5	3.2	4.3	2.9
	2階建て	43.0	24.6	32.3	43.2	41.7	29.3
	ポスト	2.1	4.5	6.0	4.8	10.4	7.1
	表札	0.7	0.7	2.3	2.4	3.5	7.1
	雨樋	0.0	1.5	1.5	3.2	3.5	0.7
	煙突	34.5	38.8	35.3	25.6	20.9	24.3
	階段	3.5	7.5	6.0	6.4	9.6	5.0
	カーテン	16.2	20.9	15.0	24.8	29.6	16.4
	呼び鈴	1.4	3.7	0.0	4.0	2.6	4.3
〈木〉							
はみ出し	なし	96.5	85.8	82.7	75.2	75.7	72.1
	画面からはみ出し	3.5	11.9	15.0	20.0	21.7	25.7
	他のものに隠れている	0.0	2.2	2.3	4.8	2.6	2.1
特徴	枯れ木	1.4	2.2	4.5	12.8	2.6	7.9
	樹皮	23.9	24.6	23.3	48.8	40.9	41.4
	上方直閉幹	33.8	17.9	9.8	4.0	0.9	0.7
	下方直閉幹	14.8	4.5	5.3	4.0	1.7	4.3
	全枝先直	12.7	23.9	7.5	4.0	4.3	2.9
	枝直交	6.3	10.4	3.0	7.2	0.0	0.0
	幹下縁立	50.0	53.7	44.4	45.6	44.3	33.6
	枝描写	50.7	77.6	62.4	76.8	75.7	53.6
	枝単線	2.8	4.5	5.3	7.2	9.6	4.3
	枝幹単線	0.0	0.0	0.0	0.0	0.0	2.1
	根	16.9	24.6	27.8	20.0	27.8	15.7
	うず	2.8	3.7	5.3	9.6	4.3	2.9
	実のある木	13.4	24.6	25.6	15.2	13.0	11.4
	樹冠内に葉のある木	4.2	7.5	10.5	7.2	1.7	3.6
	樹冠がなく葉のある木	4.9	20.1	11.3	23.2	10.4	3.6
	切り株	0.7	1.5	1.5	2.4	0.0	1.4
説明書き		4.2	10.4	9.0	7.2	7.0	9.3
定規使用		2.1	10.4	7.5	22.4	6.1	4.3

資料F　小学生各学年と各年度における有意差

分析項目		学年差 P値	学年差 有意差	年度差 P値	年度差 有意差
統合性		0.001	***	0.001	***
遠近感		0.001	***	0.001	***
描線（複数線vs）		0.667		0.729	
描画サイズ	全体で4分の1以下	0.999		0.930	
	HTPで4分の1以下	0.731		0.420	
陰影	陰	0.874		0.841	
	影	0.728		0.423	
付加物		0.429		0.003	**
付加物	山	0.004	**	0.023	*
	道	0.001	***	0.930	
	草花	0.993		0.008	**
	囲い	0.005	**	0.382	
	門	0.980		0.783	
	雲	0.001	***	0.001	***
	太陽	0.001	***	0.001	***
	動物	0.008	**	0.001	***
	魚	0.001	***	0.330	
	虫	0.006	**	0.032	*
	鳥	0.095		0.096	
	蝶	0.199		0.149	
	乗り物	0.363		0.487	
	川	0.371		0.095	
	田畑	0.540		0.179	
	池	0.010	**	0.799	
	虹	0.646		0.345	
	ツリー	0.573		0.043	*
	踏み石	0.346		0.211	
木の中の動物		0.184		0.067	
非現実性	絵全体が現実的	0.001	***	0.001	***
	キャラクター	0.052		0.001	***
	擬人化	0.159		0.143	
	それ以外の非現実的描写	0.001	***	0.001	***
人と家の関係	家の中にいる	0.897		0.952	
	中だけ	0.929		0.344	
	中と外	0.696		0.479	
	家から遠ざかる	0.972		0.885	
	ドアに手をふれている	0.959		0.401	
	家を見ている	0.974		0.710	
	家へと歩いている	0.086		0.892	
	家の上にいる	0.512		0.804	

資料 F（続き）

分析項目		学年差 P値	学年差 有意差	年度差 P値	年度差 有意差
木と人の関係	家に寄りかかっている	1.000		0.999	
	木に接している	0.758		0.316	
	木に寄りかかっている	0.610		0.604	
	木に登っている	0.005	**	0.276	
	木にぶらさがっている	0.337		0.167	
	木を見ている	0.965		0.866	
人数		0.077		0.034	*
向き（判別不能 vs）		0.147		0.341	
バランス	過大	0.001	***	0.001	***
運動描写（判別不能 vs）		0.241		0.002	**
運動の内容	座っている	0.073		0.508	
	歩いている	0.007	**	0.225	
	走っている	0.786		0.499	
	遊んでいる	0.001	***	0.096	
	仕事している	0.489		0.098	
簡略化	シルエット	0.354		0.007	**
	記号化	0.001	***	0.001	***
主要人物	顔	0.141		0.132	
	簡略化	0.001	***	0.001	***
部分について	頭>4頭身	0.500		0.001	***
	ひじあり	0.001	***	0.001	***
	ひざあり	0.001	***	0.003	**
	手なし	0.951		0.972	
	足なし	0.998		0.985	
	首なし	0.001	***	0.001	***
	短かすぎる腕	0.001	***	0.001	***
人浮き上がり		0.003	**	0.001	***
数		0.154		0.931	
壁の数（不確実な2面 vs）		0.981		0.706	
壁の形		0.001	***	0.001	***
ドア・窓		0.042	*	0.111	
付加物	屋根の模様	0.001	***	0.001	***
	ベランダ	0.393		0.005	**
	アンテナ	0.652		0.802	
	雨樋	0.738		0.030	*
	煙突	0.014	*	0.001	***
	カーテン	0.024	*	0.156	

資料 F（続き）

分析項目			学年差 P値	学年差 有意差	年度差 P値	年度差 有意差
		呼び鈴	0.740		0.109	
数			0.034	*	0.544	
特徴		枯れ木	0.001	***	0.015	*
		樹皮	0.001	***	0.001	***
		上方直閉幹	0.001	***	0.012	*
		下方直閉幹	0.002	**	0.020	*
		全枝先直	0.001	***	0.786	
		枝直交	0.368		0.022	*
		幹下縁立	0.038	*	0.001	***
		枝描写	0.001	***	0.001	***
		枝単線	0.177		0.090	
		枝幹単線	1.000		0.969	
		根	0.068		0.325	
		うず	0.148		0.007	**
		実のある木	0.003	**	0.022	*
		樹冠内に葉のある木	0.059		0.604	
		樹冠がなく葉のある木	0.001	***	0.001	***
		切り株	0.937		0.635	
説明書き			0.454		0.001	***
定規使用			0.001	***	0.001	***

（*：$p<.05$, **：$p<.01$, ***：$p<.001$）

資料G　主な分析項目一覧

【全体】
統合性
・羅列的：家と木と人が無関係に羅列されている。
・やや羅列的：一部にやや関連付けは見られるが，全体的には羅列的に描かれている。
・媒介による統合：家と木と人自体は羅列的だが，地面・山・草などの媒介によって，一応の統合は図られている。
・やや統合的：全体的に一つのまとまった場面構成がなされているが，一部に不調和な描写が残る。
・明らかに統合的：全体的に一つのまとまった場面構成がなされ，不調和な部分がない。

遠近感
・ばらばら：家と木と人がばらばらに描かれ，遠近感がない。
・直線（重なりなし）：家と木と人が直線上に並び，前後の重なりもない。
・直線（重なりあり）：家と木と人が直線上に並んで遠近感はないが，家と木，家と人など，いずれかが重なっている。
・ややあり：明確な遠近の示唆はないが，家と木と人が上下に描かれ，やや遠近感がある。
・中：家と木と人の付近にのみ遠近感がある。
・大：遠くまで細かく描き，遠近感が大きな絵。

描線
・とぎれのない1本線：1本の線で描かれ，とぎれていない。
・とぎれとぎれの1本線：とぎれがちな線で描かれている。
・複数線：複数の線で描かれている。
・スケッチ風の線：スケッチ風に自由に多様な線で描かれている。

描画サイズ
・全体で4分の1以下：描かれた絵全体が，画用紙の4分の1以下の小さな絵（ただし，個々のものが離れて描かれている場合は，一箇所に集めた大きさで判断する）。
・HTPのみで4分の1以下：付加物は別にして，家と木と人の総和が4分の1以下の絵。

陰影付け
・陰：日の当たらない部分を描いている。
・影：地面などに映っている家や木や人の黒い形を描いている。

課題以外の付加物
・付加物あり：家・木・人以外の付加物を描いている（地面は除く）。
・付加物の内容：山，道，草花，囲い，門，雲，太陽，動物，虫，鳥，蝶，乗り物，川，田畑，池，踏み石

地面の描写
・なし：地面の描写がまったくない。
・部分：直線，または黒塗りによる地面の描写が一部見られる。
・全体：直線，または黒塗りによる地面の描写が全体に見られる。

現実的・非現実的描写
・現実的：全体的に描写内容が身近で現実的なもの。
・混合：現実的な内容と非現実的な内容が混在しているもの。
・非現実的：全体的に描写内容が非現実的な世界を描いているもの。

非現実的描写の内容
・キャラクター：テレビやゲーム，雑誌などに登場するキャラクターを描いたもの。
・擬人化：動物や物などを擬人化して描いたもの。
・それ以外の非現実的描写：メルヘンや空想の世界などキャラクターや擬人化以外の非現実的な内容を描いたもの。

資料 G（続き）

画面からのはみ出し
・人：主要な人物が上下左右のいずれかで画面からはみ出しているもの。
・家：主要な家屋が上下左右のいずれかで画面からはみ出しているもの。
・木：主要な樹木が上下左右のいずれかで画面からはみ出しているもの。
（ただし，いずれも明らかに縁立のものは除く）

家と人の関連付け
・家の中にいる。
　　中だけ：人がすべて家の中に描かれている。
　　中と外：人が家の中と外の両方に描かれている。
・家から遠ざかる。
・ドアに手を触れている。
・家を見ている。
・家へと歩いている。
・家の上にいる。
・家に寄りかかっている。

木と人の関連付け
・木に接している。
・木に寄りかかっている。
・木に登っている。
・木にぶら下がっている。
・木を見ている。

特殊な描き方
・説明書き：文字による説明を加えている。
・定規使用：絵の一部あるいは全体を，定規を使って描いている。

【人】

人数
・1人：人を1人描いている。
・2人：人を2人描いている。
・3人以上：人を3人以上描いている。

性別
・同性：被検者と同じ性を描いている（複数の場合も）。
・異性：被検者と異なる性を描いている（同上）。
・両性：男女を描いている。
・性別不明：簡略化，または髪型・服装などがちぐはぐなために性別不明のもの。

人の向き
・正面向き：人が正面向きに描かれている。
・横向き：人が横向きに描かれている。
・斜め向き：人が斜め向きに描かれている。
・後ろ向き：人が後ろ向きに描かれている。
・混合：複数の人がさまざまな向きに描かれている。
・判別不能：記号化した人など顔の描写がないために判別できない。

他とのバランス
・明らかに過大：人が家などに比べて明らかに過大である。

運動描写
・手が横：身体は直立し，手が横に伸びている。
・直立不動：直立の姿勢で，動きがない。

資料G（続き）

- 簡単な運動：座る，腰かける，ポーズをとるなど消極的な運動を伴う。
- 明瞭な運動：歩く，遊ぶ，仕事をするなど明瞭な運動を伴う。
- 判別不能：簡略化，または上半身像などのために判別できない。

（運動の内容）
- 座っている。
- 歩いている。
- 走っている。
- 遊んでいる。
- 仕事をしている。

人の簡略化
- シルエット：体の輪郭だけを描き，洋服などを描いていない人間像。
- 記号化：一般に棒人間といわれているような，簡略化した人間像。
- 顔の省略：主要人物の顔を描いていない。

各部の描写
- 頭＞4等身：頭部が4等身以上の人間像。
- ひじあり：ひじの描写がある。
- ひざあり：ひざの描写がある。
- 手なし：腕の描写だけで，手が描かれていない（記号化された人は除く）。
- 足なし：脚の描写だけで，足が描かれていない（記号化された人は除く）。
- 首なし：頭部と体をつなぐ首の描写がない。
- 短すぎる腕：体に比して，明らかに短い腕を描いている。
- 浮き上がり：体が地面から浮いている。

【家】
家の軒数
- 1軒：家を1軒描いている。
- 2軒：家を2軒描いている。
- 3軒以上：家を3軒以上描いている。

壁の面数
- 1面：壁も屋根も1面の家。
- 不確実な2面：壁だけ，または屋根だけが2面の絵。
- 2面（平面的）：壁が2面見えるが，下線が直線上に並び，平面的な家。
- 2面（立体的）：壁の2面が角度をもって描かれた立体的な家。
- 3面：壁が3面見える非現実的な家。
- 判別不能：家がはみ出しているなどのために判別できない。

家の形
- 縦長：屋根を抜いた壁の高さが幅よりも長い家。
- 正方形：高さが幅とほぼ同じ家。
- 横長：高さよりも幅のほうが長い家。
- 混合：さまざまな形の異なる家が描かれている。
- 判別不能：家がはみ出しているなどのために判別できない。

家の基線
- 縁立：画用紙の下の縁を基線として，家が下縁から立っている。
- なし：家が縁立ではない状態で，家の基線が描かれていない。
- あり：家の基線が描かれている。

特殊な家
- 山小屋風：ログハウスなど，山小屋風の家を描いている。

資料 G（続き）

- ビル：マンションなどを含めたビルを描いている。
- 農家風：わらぶきの家など，明らかに農家風の家を描いている。

ドアと窓
- ドア・窓なし：ドアも窓もない家。
- 窓なし：ドアはあるが，窓がない家。
- ドアなし：窓はあるが，ドアがない家。
- ドア・窓あり：ドアも窓もある家。
- 判別不能：線を縦横に引き，窓ともドアとも判別できない家。

各部の描写
- 屋根の模様：屋根に瓦などの模様が描かれている。
- ベランダ
- アンテナ
- 雨樋
- 煙突
- カーテン

【木】

木の本数
- 1本：木を1本描いている。
- 2本：木を2本描いている。
- 3本以上：木を3本以上描いている。

各部の描写
- 枯れ木：葉がまったくない，幹と枝のみの木。
- 樹皮：幹に何らかの樹皮の模様が描かれている。
- 上方直閉幹：幹の上が直角に閉じている。
- 下方直閉幹：幹の下が直角に描かれている。
- 全枝先直：枝の先が全部直角に描かれている。
- 枝直交：枝が幹に直角に交わっている。
- 幹下縁立：木が画用紙の下の縁から立っている。
- 枝：枝が描かれている。
- 枝が単線：枝が単線で描かれている。
- 幹・枝単線：幹も枝も単線で描かれている。
- 根：根が描かれている。
- うず：幹にうずのような模様が描かれている。
- 実：実が描かれている。
- 樹冠内に葉のある木：樹冠が描かれている中に，葉の描写がある。
- 樹冠がなく葉のある木：樹冠がなく，枝などに葉が描かれている。
- 切り株：切り株を描いている。

おわりに

　私が精神病院で働き始めたのは，大学院に在籍していた1970年代の前半からであった。その当時は，まだ昔ながらの患者が多く見られていた時代だったが，1970年代の半ばごろから急に患者層が変わり始めた。特に新たに勤め始めた自由診療の神経科クリニックでは，DSM-Ⅲで新たな診断基準として設けられた〈境界型人格障害〉の患者に関わることが多くなった。それまで，統合失調症患者が中心の精神病院で働いていた私は，改めて心理査定や心理療法を学び直す必要性を痛感して，ロールシャッハテストや心理療法の正式なトレーニングを受け始めたのもこの頃からだった。
　今思い返してみると，日本でパーソナリティ障害の問題が出始めたのは，1960年以降の大家族から核家族へと移行した時代に生まれ育った人たちからだったのではないか。そして，私はその人たちが思春期になった1970年代後半に，神経科クリニックにおいて心理検査や心理療法を担当するようになり，就職する1980年代半ば頃になって大企業の総合病院神経科で新入社員となった彼らに関わり，1990年に入って親になる頃から，ある公益財団法人が運営する無料の相談室で子育て相談を受けるようになった。そして，その子どもたちが小学校に入学する頃から，学校に出向いてこのS-HTPによる調査を行い，彼らが大学に入ってくるのを待ち受けていたかのように5年間大学に在職していた。
　つまり，私は図らずも日本が核家族化して子育てを行うようになり，その中で生まれ育った当時〈新人類〉と呼ばれていた人たちが思春期になり，就職し，結婚して出産・子育てをし，その子たちが〈超・新人類〉として小学生や大学生になるまで，ずっとさまざまな現場で寄り添ってきたことになる。そして，最近，子育て支援者から母親たちが急に変わったという話を聞いて，改めて〈超・新人類〉の人たちが親になる時期となっていることに気づいた。さて，彼らはこれからどのような家庭を築き，どのような子育てをしていくのだろうか。もし，この調査通りに小学校3, 4年レベルにとどまっ

たまま親になっていくとしたら，これからは子育て支援の在り方を改めて考え直さなければならなくなるのかもしれない。

　私にとって折々にこのS-HTPを用いてきたのは，とても有効なことだった。はじめは医療現場で個別の検査や集団検査として実施していたが，次第に地域に出て行っての実施となった。1995年に出版された最初の本の副題は「臨床的・発達的アプローチ」であったが，今回はS-HTPによるコミュニティ・アプローチが中心となった。それは，私自身の臨床的活動が個人療法から家族療法へ，そして地域援助へと次第に変わっていったことを反映している。

　本書で示したように，私はもはや子どもの問題は個別の問題というより，一般的な問題になっていると思っている。それに対して，臨床家として実際にどのようなアプローチをしてきたかについては，すでに『NPプログラム「完璧な親なんていない！」10年の歩み』（三沢・河津，2012）でまとめた。その本の中でも，本書で示した調査結果を簡略化した形で紹介しているが，その執筆中にやはり専門家向けの本もしっかりとまとめておくべきであろうと思った。幸いこれまでS-HTPに関する本を出版していただいた誠信書房からのご快諾を得て，本書をまとめることになった。

　私自身のコミュニティ心理学者あるいはコミュニティ・ワーカーとしての活動は，主に1999年より運営してきたNPO法人コミュニティ・カウンセリング・センターや，2000年に中野区役所内に設立された中野区子ども家庭支援センターなどにおいてであった。しかし，本書ではそれら問題解決に向けた，あるいは予防的に行ってきた臨床心理学的コミュニティ・アプローチにはほとんど触れずに，S-HTPに限定してのコミュニティ・アプローチをまとめた。これまでの具体的な子育て支援活動などについて興味のある方々は，ぜひ前記の本をご参照いただければ幸いである。

　地域の最先端の現場で見てきた子どもたちの問題は，年々深刻化していくばかりである。特に虐待などの問題は到底個別の対応で解決する問題ではなく，地域全体のネットワークによる支援が必要なケースがほとんどだ。そのネットワークの中で私たち臨床心理士に求められるのは，カウンセリング力以前にまずはアセスメント力なのである。そうしたときに，私にとってはこ

のS-HTPが、アセスメントのための強力なツールになっていた。そこで、ぜひより多くの方々に本法を活用していただきたいという思いで、本書をまとめた。最後の章では、評定用紙の作成を試みた研究を紹介しているが、それはひとえに後輩の方々にこの研究を引き継いでいただきたいという願いからである。先の『S-HTP法──統合型HTP法による臨床的・発達的アプローチ』をまとめた際も、それまでの研究を私蔵のまま終わらせないようとの思いがあったが、本書も同じ気持ちで『描画テストに表れた子どもの心の危機』以降の研究を可能な限り網羅した。しかし、残念ながらごく最近の小学校や大学での調査については、描画の掲載ができなかったものもたくさんある。本に掲載できるのは一定期間経過したものになってしまうことが多いが、その掲載できなかった絵にこそ、最新のさらに深刻な問題が示されていた。たとえば、2010年から2年間都内の小学生を対象に行っていた調査では、第3章のチェック項目に加えられていた「奇妙さ」という項目を、新たに設けざるを得なかった。そのチェックは分析者三人の合議で、全員がそう感じる場合のみカウントするようにしていたが、何と95名中27名の絵に丸が付いたのである。先生方は、「確かにそう言われてみれば、その子たちは優秀ではあるが、理解不能な言動も多い」とのことだった。

　帯に「心のレントゲン」という言葉が入っているが、それは本法が目には見えない心を実に感度よく映し出すものであるからだ。研究者としての立場でいうならば、私は新たな研究に着手するとき、今回はどういう結果が得られるかといつもワクワクしていた。そして、常にその結果は私の予想を上回る結果となった。確かにそれによって映し出される問題は、臨床家としては暗澹たるものがあったが、研究者としての私は、このS-HTPの感度のよさにいつも感動していたのである。それが本書を通して読者の方々に伝わり、一人でも多くの方々がS-HTPに興味を持ち、活用していただくようになることを心より願っている。

　最後に、臨床家および研究者としての土台を学ばせていただいた恩師の相場均先生、小嶋謙四郎先生、馬場禮子先生に改めてこの場を借りてお礼を申し上げたい。そして、このS-HTPの実施や研究にご協力いただいた入江詩子先生や山﨑隆夫先生をはじめとする多くの方々、分析をともにしていただ

いた市川珠理さんと森あずささん，そして本書の編集に丁寧に関わっていただいた中澤美穂さんと生田麻実さんに，心から感謝したい。

三沢　直子

文　献

Buck, J. N. (1948). The H-T-P Technique：A qualitative and quantitative scoring manual. *Journal of Clinical Psychology*, 4(4), 317-396. 加藤孝正・荻野恒一（訳）（1982）. HTP 診断法. 新曜社.
Buck, J. N. (1949). The H-T-P Technique. *Journal of Clinical Psychology*, 5(1), 37-74. 加藤孝正・荻野恒一（訳）（1982）. HTP 診断法. 新曜社.
船橋新太郎（2005）. 前頭前野とワーキングメモリ. *Clinical Neuroscience*, 23(6), 619-622.
Fuster J. M. (1997). *The Prefrontal Cortex：Anatomy, Physiology, and Neuropsychology of the Frontal Lobe*. 3rd edition. Philadelphia：Lippincott-Raven.
Goleman, D. (1995). *Emotional Intelligence*. New York：Bantan Books. 土屋京子（訳）（1996）. EQ——こころの知能指数. 講談社.
Grafman, J., Schwab, K., Warden, D., Pridgen, A., Brown, H. R., & Salazar, A. M. (1996). Frontal lobe injuries, violence, and aggression：a report of the Vietnam Head Injury Study. *Neurology*, 46(5), 1231-1238.
Healy, J. M. (1990). *Endangered minds：why our children don't think*. New York：Simon and Schuster. 西村辨作・新美明夫（訳）（1992）. 滅びゆく思考力——子どもたちの脳が変わる. 大修館書店.
Held, R. & Hein, A. (1963). Movement-produced stimulation in the development of visually guided behavior. *Journal of Comparative and Physiological Psychology*, 56, 872-876. 1963
平山諭・保野孝弘（2003）. 発達心理学の基礎と臨床（第 2 巻）脳科学からみた機能の発達. ミネルヴァ書房.
入江詩子・有門恵・菅原良子（2009）. 子どもの育ちと地域社会の在り方に関する一考察——タイ北部・東北部における描画テストからみえてきたもの. 長崎ウエスレヤン大学地域総合研究所研究紀要, 7(1), 47-72.
市川珠理（1988）. 統合型 HTP 法における分裂病者の描画構造——多変量解析による分析. 臨床精神医学, 17(8), 1221-1233.
川島隆太（2002）. 高次機能のブレインイメージング. 医学書院.
桑原尚佐・森永利英・濱野公子ほか（1998）. 家事事件における描画テストの効果的活用方法について——統合型 HTP 法を中心として. 調研紀要, 68 号, 25-57.
松田文子（2007）. 大学生による中学生へのピア・サポート・プログラムの効果（1）. 福山大学こころの健康相談室紀要, 1, 20-27.
三上直子（1979）. 統合型 HTP 法における分裂病者の描画分析——一般成人との統計的比較. 臨床精神医学, 8, 79-90.
三上直子（1979）. 統合型 HTP 法における分裂病者の描画分析——病態に応じた継時的変化. 臨床精神医学, 8, 1479-1487.
三上直子（1992）. 母子関係の悪化に対する予防的アプローチ——離婚家庭 13 組の母子に

エゴグラムと統合型HTP法を施行して．心理臨床学研究，**10**(1)，76-83．
三上直子（1995）．S-HTP法──統合型HTP法による臨床的・発達的アプローチ．誠信書房．
三上直子・岩崎和江（1981）．統合型HTP法における幼稚園児から大学生までの描画発達──分裂病者の描画特徴との関連において．臨床精神医学，**10**，1331-1339．
三上直子・平川善親・尾崎敏子ほか（2000）．非行少年の統合型HTP法に関する発達的アプローチ．臨床描画研究，**13**，196-217．
三沢直子（1998）．殺意をえがく子どもたち──大人への警告．学陽書房．
三沢直子（2002）．描画テストに表れた子どもの心の危機──S-HTPにおける1981年と1997年～99年の比較．誠信書房．
三沢直子（2007）．幼稚園児の描画の変化──1979・85年と2005年のS-HTP画の比較．明治大学心理社会学研究，第2号，57-72．
三沢直子（2008）．描画テスト（S-HTP）に表れた子どもの発達の問題．臨床描画研究，**23**，64-81．
三沢直子（2009）．総合型HTP法を子どもの心理検査として有効活用するための基礎研究．明治大学人文科学研究所紀要，第65冊，293-338．
三沢直子・河津英彦（2012）．NP（ノーバディーズパーフェクト）プログラム「完璧な親なんていない！」10年の歩み──失敗から学ぶ：これからの子育て支援．東京都福祉保健財団．
森昭雄（2002）．ゲーム脳の恐怖．日本放送出版協会．
森田裕司（1989）．統合型HTP法における分裂病者の描画特徴──全体的評価による因子分析．心理臨床学研究，**6**(2)，29-39．
永江誠司（2004）．脳と発達の心理学──脳を育み心を育てる．ブレーン出版．
日本放送協会．ETV特集 子どもたちの"心の闇"を越えて．2004年9月18日放送．
苧阪直行（2000）．意識の認知科学──心の神経基盤．共立出版．
越智啓太（2003）．投影法を用いた性的虐待被害児童の識別──批判的展望．犯罪心理学研究，**41**(2)，63-78．
Rozenzweig, M. R., Bennett, E. L., & Diamond, M. C.（1972）. Brain changes in response to experience. *Scientific American*, **226**, 22-29.
Stuss, D. T. & Knight, R. T.（2002）. *Principles of Frontal Lobe Function*. Oxford：Oxford University Press.
須賀良一（1987）．分裂病者の絵画の描画形式と臨床像との相関について その1──分裂病者の絵画の描画形式と形式分析における多次元尺度解析法の応用．精神医学，**29**(10)，1057-1065．
Swensen, C.（1968）. Empirical evaluation of human figure drawings：1957-1966. *Psychological Bulletin*, **70**(1), 20-44.
高橋雅春（1967）．描画テスト診断法──HTPテスト．文教書院．
高橋雅春（1974）．描画テスト入門──HTPテスト．文教書院．
梅田聡（2005）．Asperger症候群と前頭前野．*Clinical Neuroscience*, **23**(6), 693-694．
Yakovlev, P. A. & Lecours, I. R.（1967）. The myelogenetic cycles of regional maturation of the brain. In A. Minkowsky （Ed.）, *Regional Development of the Brain in Early Life*.

Oxford & Edinburgh：Blackwell Scientific Publications. pp. 3-70.
山﨑隆夫（2001）．パニックの子，閉じこもる子達の居場所づくり――受容と共感の学級づくりで彼らは甦った！．学陽書房．
養老孟司（2003）．バカの壁．新潮社．

著者紹介

三沢　直子　(旧姓：三上)

1951 年生まれ。早稲田大学大学院博士課程修了，文学博士，臨床心理士。
　精神病院，神経科クリニック，企業の総合病院精神神経科などにおいて心理療法や心理検査に携わる一方，母親相談や母親講座をはじめとする子育て支援活動を行ってきた。現在は NPO 法人コミュニティ・カウンセリング・センターや中野区子ども家庭支援センターなどで，子どもや家族の問題に関わっている職員の研修・コンサルテーションや，地域のネットワーク作りに取り組む一方，親教育支援プログラム「Nobody's Perfect (完璧な親なんていない!)」の普及に努めている。
　2002 年 4 月より 2007 年 3 月まで明治大学文学部心理社会学科教授。

主著書　『NP (ノーバディーズパーフェクト) プログラム「完璧な親なんていない!」10 年の歩み』(共著) 東京都福祉保健財団 2012,『働くママ専業ママ　子どものためにどっちがいいの?』緑書房 2009,『描画テストに表れた子どもの心の危機 ── S-HTP における 1981 年と 1997〜99 年の比較』誠信書房 2002,『お母さんのカウンセリング・ルーム ── "家庭で子育て" から "地域・社会での子育て" へ』ひとなる書房 2001,『殺意をえがく子どもたち ── 大人への警告』学陽書房 1998,『S-HTP 法 ── 統合型 HTP 法による臨床的・発達的アプローチ』誠信書房 1995

S-HTPに表れた発達の停滞
2014年2月25日 第1刷発行

著　者　三　沢　直　子
発行者　柴　田　敏　樹
印刷者　日　岐　浩　和
発行所　株式会社　誠　信　書　房
〒112-0012　東京都文京区大塚3-20-6
電話　03(3946)5666
http://www.seishinshobo.co.jp/

ⓒ Naoko Misawa, 2014　　　印刷／中央印刷　製本／協栄製本
検印省略　　　　　　　　　落丁・乱丁本はお取り替えいたします
ISBN978-4-414-40082-3　C3011　　　　　　　Printed in Japan

JCOPY ＜(社)出版者著作権管理機構 委託出版物＞
本書の無断複写は著作権法上での例外を除き禁じられています。
複写される場合は，そのつど事前に，(社)出版者著作権管理機構
(電話 03-3513-6969, FAX03-3513-6979, e-mail：info@jcopy.or.jp)
の許諾を得てください。

S-HTP法
統合型HTP法による臨床的・発達的アプローチ

三上直子 著

S-HTP法（統合型HTP法）の成立過程，実施と評価の仕方，統合失調症・うつ病・境界例などの臨床的研究，幼児から大学生までの発達的研究について，200枚以上の絵と統計データを使いながら詳細に論じている。

目　次
第1章　S-HTPの成立過程
　　Ⅰ描画テストとは / Ⅱ課題画テストの成立 / Ⅲ BuckのHTP法 / 他
第2章　S-HTPの評価
　　Ⅰ評価の手掛かり / Ⅱ全体的評価 / Ⅲ人の評価 / Ⅳ家の評価 / Ⅴ木の評価
第3章　S-HTPの研究
　　PART1：S-HTPの臨床的研究 / PART2：S-HTPの発達的研究
第4章　S-HTPについての総括的考察
　　Ⅰ S-HTPの有効性について / Ⅱ S-HTPにおける統計的アプローチと現象学的アプローチ

A5判上製　定価(本体3500円+税)

絵にみる子どもの発達
分析と統合

J.H. ディ・レオ 著
白川佳代子・石川元 訳

本書は，40枚を超える絵から子どもが世界をどう捉えているかを垣間見るとともに，フロイト，ピアジェ，エリクソン，ゲゼルなど，子どもの発達について世界の指導的な思想家たちの見解を統合している。

目　次
1部　大人から見た子どもの世界
　1 発達段階 /2 臨界期 /3 発達神経の基盤 /4 運動発達 /5 精神性的および心理社会的発達 /6 認知の発達 /7 言語発達 /8 描画発達 /9 発達停止 /10 退行 /11 対象概念と対象関係
2部　子どもの目から見世界
　12 子どもたちに語りかける /13 子どもたちは語りかける /14 創造性 /15 共通原則としての子どものアート
3部　統合
　16 発達的視点 /17 統合－発達の相互関係と結びつき /18 子どもを全体的に見る目

A5判並製　定価(本体2300円+税)